UNE ÉCOLE SANS ÉCHEC

Hervé Glasel

UNE ÉCOLE SANS ÉCHEC

L'enfant en difficulté et les sciences cognitives

Odile Jacob

Collection dirigée
par Stanislas Dehaene

15, rue Soufflot, 75005 Paris

www.odilejacob.fr

ISBN 978-2-7381-3005-1

À Patricia, ma femme,
pour son soutien pendant toutes ces années
et sans laquelle ce livre
aurait risqué de ne pas voir le jour.

PRÉAMBULE

« Je ne sais ni lire ni écrire, je ne sais rien faire ! », s'exclame Gabriel. Et il éclate en sanglots… L'enseignant ne perd pas ses moyens et répète sa question : « Mais si, donne-moi une phrase au présent ! » Gabriel renifle encore, de grosses larmes ont roulé sur les joues roses et bien pleines de ce garçon de 9 ans, aux yeux bleus et aux cheveux blonds coupés au bol. Il regarde ses chaussures en boudant et murmure, buté : « Je ne sais pas. » Et l'enseignant de rebondir sur-le-champ : « Bravo ! Voilà une phrase au présent de l'indicatif. » Ainsi, Jean-Pierre, instituteur de primaire, poursuit son cours de grammaire, tandis que Gabriel se mouche, soulagé.

Depuis le début de l'année, Jean-Pierre est obligé de ruser, de trouver des subterfuges, de saisir les paroles de Gabriel au bond. L'enfant est calme, doux et gentil, il paraît confiant et vient à l'école sans difficulté. En réalité, il est constamment sur le qui-vive. Gabriel est sévèrement dyslexique, et ses difficultés à l'écrit sont telles qu'il ne peut transcrire la moindre phrase. Les caractères de l'écrit lui sont si étrangers qu'on a l'impression qu'il ne les voit pas.

Et Gabriel a raison : à l'école primaire, un enfant qui ne sait pas lire ou écrire est petit à petit mis à l'écart de la classe, perd de vue le groupe qui s'éloigne dans des activités, des apprentissages et des exercices qui deviennent graduellement inaccessibles. Entrer à la « grande école », comme on disait autrefois, c'est entrer dans des apprentissages formels, des compétences jusque-là réservés aux grands : lire, écrire, compter… Si l'écolier reste hors du lire, s'il ne peut donner correctement ses réponses à l'écrit, le temps pour l'instituteur de terminer sa déambulation dans les rangs, corrigeant une erreur par-ci et confirmant par-là la réponse des autres enfants, il se sent abandonné, ne sachant que faire, ne sachant comment faire.

Gabriel, comme beaucoup de petits dyslexiques, s'est longtemps accroché, a essayé de suivre le rythme, s'est débattu avec les listes de mots et les petits textes à lire, a passé une, puis deux séances par semaine chez l'orthophoniste, en vain : le déchiffrage de ces caractères cabalistiques est resté épuisant, pour devenir rapidement insupportable. Il a bien aussi essayé de tracer quelques signes à l'écrit. Du reste, il est beaucoup plus à l'aise en mathématiques. Il maîtrise bien la numération et les quatre opérations, parvient à les poser pour les résoudre. Les signes lui permettant de lire et de transcrire les nombres sont bien connus. La résolution de problèmes est un jeu, quand il parvient à retenir tout l'énoncé dans sa tête. Dans beaucoup d'autres domaines, Gabriel excelle. Son vocabulaire est vaste à l'oral. Il s'exprime bien. Cultivé, il fait souvent des commentaires en histoire, surtout sur la mythologie grecque et romaine qui le passionne. En sciences, il faut l'arrêter, car il a vu toute la série des *C pas sorcier !* Ses connaissances sont étendues, et mobilisées avec pertinence.

Mystérieusement, la lecture reste inaccessible…

Gabriel n'est pas un cas isolé. Il fait partie des deux à trois enfants par classe qui sont dyslexiques, c'est-à-dire qui ont du mal à lire. Certes, tous les enfants dyslexiques ne sont pas aussi en panne que lui. Ce trouble résistant de la lecture peut prendre des formes diverses et présenter une sévérité plus ou moins intense. Gabriel, enfant intelligent et pertinent, fait partie des 1 % de cas graves. Cela correspond tout de même à 100 000 enfants dans le système scolaire en France, parmi les 500 000 qui présentent des troubles des apprentissages.

Nicolas, lui, est renté cahin-caha en sixième. L'école est douloureuse depuis le début. Dès la maternelle, il n'aimait pas dessiner. Ce qu'il faisait paraissait toujours brouillon, sale. Pourtant, il savait tout à fait ce qu'il voulait faire. Mais les bonshommes autour de la maison étaient grossiers, la porte au mauvais endroit, le coloriage du tronc des arbres dépassait. Quand l'institutrice affichait son dessin parmi les autres, on savait tout de suite qu'il était l'œuvre de Nicolas. Ses parents en visite ne s'y trompaient pas, et leur sourire un peu gêné le faisait parfois fondre en larmes. L'enfant a fait de son mieux jusqu'en grande section de maternelle. Car finalement, l'école maternelle, c'est fait pour s'amuser. On doit couper, coller, plier. Tous ces travaux manuels sont censés être des jeux. Pourtant, pour Nicolas, il n'en est rien. Il ne s'en sort pas. Les collages sur le grand cahier sont toujours décalés, sales. Il lui arrive même de tout arracher pour recommencer, mais alors c'est pire ! Une des maîtresses se fâchait souvent très fort. Surtout que, de temps en temps, bizarrement, ce qu'il faisait donnait toute satisfaction. Il se souvient de la poterie pour une fête des mères, qui était bien réussie. Alors l'enseignante s'était exclamée devant tout le monde ; « Eh bien alors, Nicolas ! Tu vois bien que, quand tu veux, tu peux ! » Alors Nicolas ne sait plus trop où il en est. Il est vrai que pour ce travail, il était motivé et qu'alors, rentrant de bonnes vacances, il était reposé et disponible. Aujourd'hui, tout cela lui échappe… À ses parents aussi, du reste.

Plus tard, à 7 ans, on l'habille encore. Sa petite sœur de deux ans plus jeune le fait déjà seule, elle. À table, il tient mal ses couverts, et on a beau lui montrer comment faire, c'est toujours pareil, ça tombe à côté. Quand on est à la maison pour le dîner, on lui donne une cuillère, mais aux repas de famille, les grands-parents font les gros yeux.

Pourtant, ce n'est pas faute d'avoir consulté des spécialistes. Les pédiatres ont d'abord ri et ont répondu légèrement : « Mais enfin, c'est encore un bébé, il est immature. Et puis vous savez, c'est un garçon ! Il n'aurait pas commencé à avoir des difficultés quand sa petite sœur est née ? » On a fait les calculs et ça colle : Maman devait rester à la maison pour s'occuper de la petite, et Nicolas n'a pas bien vécu son entrée à l'école. Il était malheureux et isolé. La jalousie a dû jouer sa part dans toute cette affaire… Toutefois, les difficultés ont persisté, même si chacun s'est attaché à donner un temps à l'enfant pour lui tout seul. La famille a même consulté une psychologue : c'était très pénible pour Nicolas, qui, chaque fois, était censé dessiner ou manipuler de la pâte à modeler. Pourtant, son entourage a senti que quelque chose allait peut-être se débloquer… Las…

Tout cela ne serait rien, s'il n'y avait eu le début de l'apprentissage de l'écriture. Les lignes de boucles ; les lignes de barres, les b, les d à la queue leu leu… Nicolas lançait son crayon, mais le résultat n'avait rien à voir avec l'intention. Pourtant, il voyait bien ce qu'il fallait faire.

Une amie des parents (ou peut-être la directrice, on ne sait plus : « On a vu tellement de monde ») a conseillé de consulter une psychomotricienne. Nicolas aimait bien y aller. Il fallait shooter dans des ballons, passer entre des plots. C'était amusant. Mais les séances de relaxation lui paraissaient longues et ennuyeuses. Les boucles à l'écrit restaient, elles, désespérément cabossées, la main crispée, les doigts pleins d'encre. On lui disait bien : « Enfin, pourquoi t'obstines-tu à tenir ton stylo si près de la pointe ? » Il essayait bien, mais c'était pire…

Chargé de toutes ces difficultés, le CP a été un calvaire. Heureusement, pour la lecture, pas de problèmes. Les parents étaient soulagés, car ils commençaient à se demander s'il le faisait exprès ou bien si vraiment… On n'ose penser à pire. Pourtant, un enfant si amusant, plein d'humour, d'ailleurs assez pince-sans-rire, et qui aime faire des blagues, à la maison du moins… À l'école, il a peu d'amis, il s'isole, il y a des disputes et même parfois des bagarres.

Comme en fin d'année l'enfant a frôlé le redoublement, ses parents ont employé les grands moyens. Après avoir écumé les sites Internet, et encore quelques fausses pistes, ils ont pu obtenir de haute lutte un rendez-vous dans un centre de référence hospitalier. Encore faudra-t-il attendre encore six mois. Le jour de la restitution du bilan, une procédure longue, le diagnostic tombe : dyspraxie. On s'y attendait un peu, car avec tous les forums sur Internet, les éléments disséminés sur les blogs et les quelques livres sur le sujet, c'est un mot qu'on a appris à connaître. De là à l'accepter pour son enfant… Devant les spécialistes, les parents de Nicolas ont tenu bon, mais, une fois de retour chez eux, seuls, ils accusent durement la nouvelle : « Que va-t-on faire de lui ? » Plusieurs années ont été nécessaires pour obtenir un diagnostic, mais maintenant tout reste à faire. Et les médecins l'ont dit : « Pas de pronostic. » C'est en apparence rassurant (tout est encore possible), mais la famille va devoir cheminer dans le brouillard, sans savoir véritablement ce qu'il va falloir mettre en place, à la maison, mais surtout à l'école. Comment expliquer aux enseignants ? Quels aménagements sont nécessaires ? Comment l'enfant va-t-il s'y prendre et quels bénéfices attendre ? Va-t-il jamais y arriver ? D'autant que certaines filières telles que les voies professionnelles, menant à des activités manuelles, ne sont sans doute pas appropriées pour un enfant maladroit.

Ce qui est le plus difficile à avaler, c'est le mot de handicap. Les spécialistes ont beau dire : « Ça n'est plus comme autrefois, on doit parler ici de *situation* de handicap… », le mot est brutal, angoissant, stigmatisant. Il signale et isole.

C'est un fait : avoir du mal à lire et à écrire dans une société de l'écrit, où toute la scolarité passe par la lecture de textes et la rédaction plus ou moins développée de ses réponses, être dyslexique ou dyspraxique est un véritable obstacle pour donner à voir son plein potentiel. Comment juger de ce que ces enfants sont capables de faire ? Comment réussir des examens quand on a du mal à lire les consignes ? Comment s'y prendre, alors qu'on sait ce qu'il faudrait dire ou faire, mais qu'on ne dispose pas des outils pour en apporter la preuve ? C'est à un point qu'on a l'impression de ne plus rien savoir, qu'on ne peut plus mobiliser ses connaissances car on n'a pas les outils pour le faire savoir. Plutôt renoncer…

C'est ainsi que, par un raccourci malheureux, Gabriel a raison : « Si je ne sais ni lire ni écrire, c'est que je ne sais rien. Pourtant, la seule chose qu'il me manque, ce ne sont pas les idées ou les réponses, mais ce sont les outils pour le dire, comme on l'attend de moi à l'école. »

Ce livre a cette ambition : montrer la voie, à la maison comme à l'école, permettant aux enfants présentant des troubles des apprentissages de dévoiler au grand jour leurs compétences, qui sont indéniables. Il est issu d'une expérience de plusieurs années auprès d'enfants en difficulté scolaire. En effet, l'auteur, neuropsychologue du développement, a pu constater au cours de son travail de dépistage la souffrance des enfants (et de leurs parents), tant que la nature de leurs fragilités n'avait pas été élucidée. De plus, même quand un diagnostic fin et approprié a été posé, combien de fois encore la scolarité reste douloureuse, inadaptée, épuisante. C'est dans le droit-fil de ces réflexions et de cette pratique que les écoles du CERÉNE (Centre de référence pour l'évaluation neuropsychologique de l'enfant) ont été créées, afin d'accueillir ces enfants intelligents et curieux qui ne trouvent pas toujours leur place dans le système scolaire ordinaire. Aussi, les principes généraux qui sont décrits ici, de la prise en charge et des adaptations pédagogiques nécessaires auprès de ces élèves, ont pu être mis en œuvre, testés et validés.

Nos connaissances actuelles en sciences cognitives appliquées aux enfants en développement et les outils d'adaptation accessibles au plus grand nombre permettent aujourd'hui de guider parents, enseignants et élèves sur la voie du succès et d'éviter ainsi à l'enfant frustration et souffrance.

1

DÉTECTER

Les enseignants aux premières loges

L'enseignant, une fois la porte de sa classe refermée, se retrouve dans une situation paradoxale : la rumeur du monde extérieur s'est en principe éloignée, la place est nette pour entamer une relation qui peut être particulièrement excitante et profitable pour les deux parties. L'enseignant va pouvoir mettre en œuvre ses savoirs et son savoir-faire, dans le but de faire émerger, de découvrir et de transmettre des nouvelles compétences chez les enfants qui lui sont confiés. Les élèves vont de leur côté voir s'ouvrir de nouveaux horizons devant eux. Tout est fait pour que ce processus se mette en place de manière harmonieuse : l'enseignant bénéficie d'une solide formation initiale, il est attentif aux nouvelles théories pédagogiques, il est sensible aux influences de son environnement professionnel, il suit les directives de son inspecteur d'académie... Dans sa classe, il met au point des bonnes pratiques, testées en grandeur nature et aiguisées d'année en année. L'enseignant se crée ainsi une représentation de plus en plus précise de ce qu'un enfant devrait savoir ou savoir faire à tel et tel moment de son développement, peut ajuster rythme et contenus aux aptitudes des enfants à un âge donné. Jouissant d'une certaine indépendance, il peut, malgré les refontes régulières des programmes, s'assurer de bien faire avancer, graduellement, ses élèves.

Cependant, que se passe-t-il si, en dépit de ses compétences, de son expérience d'enseignant, de l'appui de ses pairs, des conseils et des lectures, certains enfants n'avancent pas ? C'est là que la situation devient paradoxale. L'enseignant se retrouve mis en échec. Alors qu'il bénéficiait d'une posture autonome et libre de ses choix pédagogiques, malgré toute sa bonne volonté, il ne parvient pas à faire « décoller » certains élèves. Cette liberté même et cette autonomie deviennent peu à peu un lourd isolement. Que faire ? Comment le faire ? Pourquoi ce qui fonctionne d'ordinaire intuitivement très bien ne marche plus ? Pourquoi tel enfant, vif et pertinent, ne parvient-il pas à lire ? Pourquoi, malgré les entraînements, les exercices supplémentaires, tel enfant écrit salement et de manière peu lisible ? Pourquoi encore, malgré toutes les objurgations, les réunions parents-professeurs, tel enfant reste agité, indiscipliné, inadapté au cadre scolaire habituel ? Pourquoi cet excellent lecteur ne parvient-il pas à déchiffrer correctement les nombres ? Pourquoi tel enfant ne maîtrise toujours pas, malgré la stimulation offerte en classe, la structure syntaxique de sa langue maternelle ?

Le sentiment qui domine lorsqu'on écoute les enseignants s'exprimer pendant les journées pédagogiques qui leur sont destinées, au cours desquelles la libre parole est de mise, c'est l'inquiétude. « Comment vais-je faire pour enseigner telle notion, si tel prérequis n'est pas assimilé ? Comment apporter l'aide nécessaire à tel élève sans pénaliser le reste de la classe ? Comment adapter sans édulcorer les notions à assimiler ? »

Or ce qui frappe, c'est que si les enseignants sont souvent démunis devant des enfants que l'enseignement traditionnel ne permet pas de faire apprendre, il est très net qu'ils sont généralement intuitifs et pertinents pour évoquer que « quelque chose ne va pas » ; professionnels de l'enseignement, souvent parents eux-mêmes, ils sont aux premières loges pour alerter et dire que l'enfant, malgré ses efforts, ne parvient pas à s'emparer de telle ou telle compétence.

Cependant, si les enseignants sont en première intention les mieux placés pour évoquer des troubles éventuels des apprentissages, ils ne sont ni formés ni en situation de déterminer la nature exacte, et moins encore les causes des difficultés de l'enfant. Excepté peut-être quelques enseignants spécialisés, leur expertise réside le plus souvent dans la mise en œuvre des méthodes qui ordinairement permettent à la plupart de leurs élèves de réussir.

L'enseignant doit néanmoins se faire confiance et pouvoir s'appuyer sur son expérience et son antériorité dans le métier pour évoquer ses interrogations, doutes et inquiétudes lorsque l'enfant n'avance pas comme escompté. Assez rapidement dans sa carrière, il est à même de partager des observations pertinentes et utiles à l'enfant et à sa famille.

Les parents, des experts de leurs enfants

Bien sûr, les premiers interlocuteurs doivent être les parents. Attentifs, ils sont aussi des observateurs fins et éclairés des talents et des fragilités de leur enfant. Les enseignants, les professionnels de santé observent l'enfant pendant des périodes finalement assez brèves. Ils ne peuvent pas toujours remettre dans leur contexte leurs observations. Les parents vivent au quotidien les découvertes et les progrès de leur fille ou de leur fils, leurs aptitudes et leurs satisfactions. Ils sont aussi le plus souvent, qu'ils se l'avouent ou non, sensibles à leurs difficultés, qui parfois se transforment en vraie souffrance. Si l'enfant est unique ou adopté, ils manquent parfois des points de repère permettant de remettre ces questions dans le cadre du développement habituel de l'enfant. Mais le plus souvent, ancien enfant et élève eux-mêmes, avec des neveux et nièces, les parents se rendent bien compte que les progrès escomptés ne sont pas au rendez-vous. On dit souvent : « Ne comparez pas les enfants entre eux ! » Souvent les parents s'excusent : « Je sais que je ne devrais pas le faire, mais si je compare avec son frère… » Et pourtant, sans jugement, sans critique, sans classification ou classement, l'être humain se développe dans l'ensemble de manière assez homogène, avec bien entendu la variabilité propre au biologique. L'enfant grandit généralement en traversant les mêmes étapes. Pour peu qu'il soit exposé de manière stimulante aux apprentissages, les acquis suivent peu ou prou les mêmes jalons. Ce qui n'enlève rien à chacun de son unicité, de sa personnalité, de sa complexité. Cependant, interagir avec autrui, marcher, comprendre le langage, s'exprimer, pratiquer graduellement des jeux de plus en plus sophistiqués sont des habiletés qui se mettent en place rapidement, dans les premières années de vie, qui suivent un cheminement bien connu des spécialistes et qui peuvent être finement décrites. Demander aux parents : « Le faisait-il au même âge que son frère, sa sœur, son cousin ? », ne revient pas à réduire un enfant en particulier à tout un chacun, mais reconnaître que le développement humain suit un parcours subtilement organisé, qui peut être anticipé et analysé.

Parents et enseignants : se parler

Quand parents et enseignants se rencontrent et évoquent ensemble les succès et difficultés d'un enfant, il est essentiel qu'une relation de confiance s'établisse. Très impliqués émotionnellement, les premiers sont aux aguets d'informations inquiétantes. Ils auront d'autant plus de mal à assimiler ces nouvelles données qu'ils noteront un décalage entre leur perception de leur enfant à la maison et à l'école.

« Léo est très agité en classe, il ne cesse de se lever, de déranger les autres enfants…

– Pourtant, il est au contraire très calme à la maison, il peut rester des heures dans sa chambre à jouer avec ses jeux.

– Oui, mais je vous assure que, à l'école, il n'occupe pas une position d'élève, il peut se montrer impertinent ! »

Une telle entrée en matière mettra chacun sur ses gardes, entre parents affolés et enseignant en position d'expert, ce qui rendra difficile une écoute sereine.

Les deux parties doivent donc apprendre à s'écouter mutuellement. Pour cela, l'échange devra, autant que faire se peut, s'arrêter à des constatations objectives et concrètes, de part et d'autre. En effet, les interprétations hâtives et peu informées de chacun contribueront à rendre plus inconfortable la position de l'autre :

« Il n'est jamais impertinent avec nous, il est même assez tenu à la maison…

– Eh bien justement, il a peut-être besoin de se défouler à l'école.

– Êtes-vous sûre que la méthode semi-globale en lecture lui convient bien ?

– Madame, c'est quand même mon métier ! Fait-il ses devoirs tous les soirs ? »

Tous ces échanges entre parents et enseignants, parfois prononcés innocemment, sont pourtant saturés d'implicite : quelles sont les méthodes éducatives à la maison ? L'enseignant sait-il adapter sa méthode à l'élève ? « Vous êtes trop sévère », « trop coulant », etc.

Or les sciences cognitives nous apprennent que les troubles des apprentissages ne sont pas causés par une méthode éducative en particulier. Certaines sont certes moins pertinentes que d'autres qui rendront la tâche plus difficile à l'enfant. Les spécialistes des troubles de la lecture décrivent bien qu'on ne rend pas un enfant dyslexique parce qu'on l'aura exposé à la méthode globale. On l'aura certes obligé à un travail plus complexe d'extraction des règles du déchiffrage qu'on aurait été mieux inspiré de lui rendre explicite. La situation familiale, la guidance parentale ne sont pas non plus à blâmer. Au pire, un contexte désorganisé ou chaotique peut-il rendre la régularité du travail de l'enfant insuffisante, mais une fois encore, ne pourra pas entraîner en soi un trouble des acquisitions.

C'est pourquoi il est important de s'en tenir aux faits. Si l'enseignant constate des difficultés, il faut les décrire avec spécificité et précision. Pour briser la glace, mieux vaut commencer par les bonnes nouvelles, laisser les parents s'en emparer et en venir ensuite à ce qui est plus compliqué : une annonce non préparée peut mettre les parents immédiatement sur la défensive et rendre le dialogue ultérieur plus difficile et moins fluide, moins confiant : « Léo est un garçon discret, charmant, bon camarade. Il a un très bon ami, Charles. Se voient-ils à l'extérieur de l'école ? » « Il est à l'aise en numération. Il prend plaisir à faire des opérations en classe. Parvient-il à travailler seul à la maison ? Les devoirs dans ce domaine sont bien faits. »

Puis, une fois les parents impliqués dans un échange ouvert, l'enseignant peut évoquer de manière plus concrète les éléments qui l'inquiètent : « J'ai souhaité vous rencontrer, car je m'interroge quant à l'acquisition de la lecture. Il a pris un retard certain dans ce domaine par rapport à ses camarades. Cela peut être passager, mais je trouve que le déchiffrage reste encore trop laborieux après six mois de travail », ou encore : « L'écriture de Jeanne est encore trop difficile à lire. Elle a l'air de beaucoup se fatiguer. J'ai diminué les exigences, mais elle reste lente, a du mal à finir de copier les devoirs pour le lendemain », etc.

Si l'alliance avec la famille est établie, des remarques croisées pourront être échangées en toute confiance et non pas dans un face-à-face rigide et soupçonneux – les parents cherchant à défendre leur enfant, l'enseignant insistant sans se faire entendre. Un parent répondra alors plus sûrement de manière confiante :

« Je trouve aussi que les apprentissages sont plus lents que pour sa sœur aînée. Je me suis dit que c'était normal et que les enfants apprenaient à des rythmes différents.

– Oui, tout à fait. Il n'y a pas matière à s'affoler, mais à cette époque de l'année, la plupart de ses camarades peuvent accéder aux trigrammes (oin, ain, etc.). Cela reste plus difficile pour lui.

– Que nous conseillez-vous ? »

C'est à cet instant que l'enseignant pourra à la fois jouer son rôle de détection en première intention, tout en restant dans son champ de compétence : « Je souhaitais vous voir pour simplement faire un premier point. Je vous propose de lui laisser encore trois mois, puis nous nous reverrons à ce moment-là pour en reparler. »

Le dosage doit cependant être subtil, ne pas être trop rassurant si on n'en est pas convaincu, sans inquiéter indûment. Un principe général dans la prise en charge des troubles des apprentissages, c'est le dépistage précoce. Le cerveau de l'enfant est en plein développement. Les neuroscientifiques décrivent bien sa plasticité extraordinaire, c'est-à-dire la capacité des neurones à enrichir et projeter des nouvelles connexions nerveuses. C'est pourquoi plus les troubles sont mis en évidence tôt, plus efficaces sont les prises en charge. Par une activité dédiée et bien ciblée, on stimulera le renforcement, voire la création de nouvelles voies de traitement de l'information. Cela permet aussi à l'enfant de ne pas s'épuiser inutilement et sans aide : « Il y a quelques mois, je vous aurais dit d'attendre, mais aujourd'hui il est temps de prendre rendez-vous pour un bilan orthophonique pour s'assurer d'un avis expert. »

Toute la difficulté, bien entendu, est d'alerter de manière pertinente sans inquiéter sans fondement. Les difficultés d'un enfant sont très anxiogènes pour ses parents. Toutefois, il n'est pas question de les rassurer à tort. Cela serait les laisser dans une inquiétude sourde et usante, devant une situation qu'ils ne comprennent pas ou ne maîtrisent pas. Cependant, tout faire porter sur l'immaturité de l'enfant, son aspect rêveur, son envie de jouer, sa maman qui lui fait tout et l'habille encore à 9 ans, c'est endormir parfois dangereusement. Il n'est certes jamais trop tard, mais agir dans les temps reste un impératif à poursuivre.

Les grandes étapes du développement cognitif de l'enfant

- Dès les premiers mois de vie : interactions sociales (sourire réponse, babillage interactif, pointage, etc.), préhension.
- Fin de la première année : compréhension d'ordres simples.
- Entre 12 et 16 mois : la marche indépendante est acquise.
- À partir de 1 an : l'enfant prononce ses premiers mots isolés.
- Avant 2 ans : c'est l'explosion lexicale, l'enfant développe un vocabulaire riche en quelques mois seulement.
- À 2 ans : petits messages signifiants associant deux mots, sans syntaxe élaborée.
- Entre 2 et 3 ans : maîtrise du « je ».
- À 3 ans : petites phrases de trois mots organisées avec une syntaxe ; empile 8 cubes, peut construire un pont avec 3 cubes, imite le dessin d'un cercle.
- Entre 3 et 4 ans : socialisation fluide et harmonieuse : il s'entend avec les autres enfants et les adultes, il est intéressé par ses pairs ; partage émotionnel et matériel avec son entourage.
- À 4 ans : le discours est fluide et intelligible en dehors du cercle familial.
- Entre 3 et 5 ans (maternelle) : développement des praxies (dessiner, couper, coller, jeux de construction).

- Entre 5 et 6 ans (fin de maternelle) : prérequis de l'écriture (boucles, traits, etc.), l'enfant écrit son prénom et son nom, les capacités de dénombrement sont installées.
- À partir de 6 ans (CP) : début des apprentissages formels (lire, écrire, compter).
- Vers 6-7 ans (fin de CP) : le déchiffrage b-a/ba est acquis, lecture de mots et de phrases simples ; petits calculs mentaux (2 + 1, 3 - 2, etc.).
- Au cours de l'école primaire : son écriture devient lisible lorsqu'il recopie un ou plusieurs mots, la taille des lettres manuscrites diminue (la taille de l'écriture diminue graduellement jusqu'à la fin du primaire, âge d'or de la calligraphie « canonique ». Ce n'est que plus tard, à partir de la sixième, que l'enfant personnalise son écriture en cherchant un équilibre entre vitesse et précision).
- Vers 7 ou 8 ans : pour avoir accès au sens, la lecture demande de dix-huit mois à deux ans d'apprentissage ; à l'oral, l'enfant pourra apprécier et comprendre l'implicite, le second degré, les métaphores.
- En fin de primaire, les quatre opérations (addition, soustraction, multiplication, division) sont maîtrisées. Les petits problèmes d'arithmétique à deux étapes au moins peuvent être résolus. Nature et fonction du mot sont reconnues dans des phrases simples. La lecture est fluide et l'enfant comprend bien ce qu'il lit. Il est capable de lire un livre destiné à son âge en entier (50 pages ou plus).

Il arrive assez souvent que les parents, bien informés, s'inquiètent les premiers. Ils ont lu, vu des reportages, parlé avec leurs voisins, leurs parents, ont navigué dans l'océan des informations disponibles sur Internet. Ils manient un certain vocabulaire technique concernant le développement de leur enfant qu'ils ont lu ou entendu, même si ce n'est pas toujours à propos. Sans être des spécialistes ou des enseignants eux-mêmes, ce sont souvent des citoyens éclairés, vigilants quant aux progrès de leur fils ou de leur fille. Dans une société de savoir, compétitive, et de culture comme en France, sensible aux succès scolaires et aux diplômes, les parents sont vite tentés de savoir où se situe leur écolier par rapport à ses pairs, quels sont ses progrès et comment le faire avancer au mieux.

Ils sollicitent alors l'enseignant, l'interroge, à l'affût d'une réassurance. Et même si l'institutrice répond : « Tout va bien ! Cécile réussit très bien, elle adore écrire, compter… », les parents peuvent tout de même insister :

« Pourtant, je trouve qu'elle ne connaît pas encore bien son alphabet !

– Ne vous inquiétez pas, elle est même plus avancée que les autres, elle saura toutes ses lettres en fin d'année… Et au pire, elle reprendra tout ça en CP !

– Oui, mais la lecture aura déjà commencé. Mon neveu lisait à son âge… enfin presque… »

Le rôle de l'enseignant est de prendre en compte la demande des parents, de ne pas pathologiser ce qui ne l'est pas, et de répondre avec précision quant aux jalons d'apprentissage attendus et leur variabilité.

La prise en compte des difficultés éventuelles de l'enfant n'est donc pas toujours synchronisée entre parents et enseignants, et c'est ce dialogue ouvert et serein qui permet de remettre de l'ordre dans les observations des uns et des autres. Quand ce dialogue est bien entamé et que les parents sont à l'écoute, les parents et les enseignants devront passer la main.

En effet, si les parents sont des observateurs experts de leur enfant, informés et actifs, ils ne sont pas tous formés à détecter les troubles spécifiques des apprentissages. Les raccourcis sur Internet, les petits quiz qui permettent de poser un diagnostic en dix minutes ouvrent souvent de fausses pistes, entretiennent des inquiétudes infondées (« mon fils de 5 ans est dyslexique : il confond b et d », « ma fille est dyspraxique : elle ne sait pas faire de vélo à 6 ans ou ses lacets à 9 », « mon fils a un trouble attentionnel : sa chambre est un vrai bazar »…).

L'enseignant non plus ne peut pas s'appuyer sur des connaissances détaillées quant aux questions liées au développement cognitif de l'enfant. Il a une bonne idée de ce qu'un enfant typique sait faire dans telle ou telle classe, mais dans le détail, il ne peut (et c'est déjà beaucoup) que faire des observations, noter des symptômes, s'interroger à bon escient et partager ses interrogations basées sur des faits objectifs, nourries par son expérience.

On doit alors orienter l'enfant et sa famille au plus près des questions qui se posent. En effet, le développement de l'enfant est complexe, et choisir le bon interlocuteur pour clarifier ces interrogations garantira un dialogue pertinent et fructueux.

Choisir le bon professionnel pour poser le diagnostic

Si l'enfant présente des difficultés liées au langage oral ou écrit, le premier spécialiste vers lequel il convient de se tourner est l'orthophoniste. Expert dans le diagnostic et la prise en charge des troubles du langage, il est à même de faire un bilan complet, détaillé et étayé, permettant d'apprécier les acquis et les éventuelles fragilités de l'enfant.

Sur la base de ce diagnostic, une prise en charge ciblée peut alors être proposée. Il est alors important pour la famille de comprendre les enjeux de la rééducation : s'agit-il de travailler sur l'articulation, le vocabulaire à l'oral, la syntaxe, la compréhension morphosyntaxique, etc. ? Faut-il approfondir les liens graphèmes-phonèmes, c'est-à-dire stabiliser la relation entre les signes de l'écriture et les sons qui font sens pour la langue ? Faut-il travailler l'évocation rapide, c'est-à-dire l'accès rapide à la représentation phonologique d'un mot, à partir des indices visuels de l'écrit ? La discrimination phonologique, c'est-à-dire la capacité à distinguer finement des sons proches ? Ou encore la conscience phonologique ? En effet, des études scientifiques ont montré que notre cerveau découpe spontanément le langage en syllabes. À l'écrit, en revanche, chaque lettre correspond à un phonème, c'est-à-dire à une unité de son de la langue parlée. Pour parvenir à allier le graphème (lettre ou groupe de lettres) au son, l'enfant va devoir apprendre à repérer ces phonèmes de manière individuelle et à jouer avec eux. Grâce à l'orthophonie, toute cette gymnastique préparatoire à la lecture pourra être entraînée.

Le plus souvent, le professionnel ne peut s'engager sur un délai et même un résultat mesurables d'avance. Les progrès dépendront de l'intensité et de la régularité des séances, de l'implication de l'enfant, de sa capacité à généraliser ses acquis. Et aussi, bien entendu, de la sévérité du trouble. Il est toujours très dangereux de faire un pronostic quant aux progrès ou aux conséquences fonctionnelles, c'est-à-dire dans la vie de tous les jours, des troubles des acquisitions chez l'enfant. La plasticité cérébrale, si elle n'autorisera pas la création de nouveaux neurones, pourra en revanche développer les réseaux et les connexions entre les neurones, permettra la création ou le renforcement de voies de compensation. De plus, l'enfant pertinent saura aussi s'adapter et découvrir, développer, mobiliser des stratégies de contournement.

Il n'en reste pas moins que la mise en place d'un échange riche et ouvert entre les parents et le professionnel de santé est primordiale, dans le but de créer une alliance autour de l'enfant qui sera très bénéfique pour le succès de la prise en charge. Parents et enfants deviendront de ce fait acteurs de la rééducation.

Si les difficultés de l'enfant ont rapport avec l'écriture, et les gestes complexes en général, on devra contacter initialement un psychomotricien, voire un ergothérapeute. Là encore, un bilan complet sera nécessaire, et la prise en charge devra veiller à cibler des objectifs précis et mesurables.

Dans un premier temps, cette approche s'avérera suffisante. Si les fragilités perçues se révèlent superficielles, les difficultés sont plutôt de l'ordre du retard transitoire d'acquisition. On ne peut parler de trouble à proprement parler. Soit par maturation naturelle, soit au moyen d'une prise en charge brève, les choses rentreront dans l'ordre. Parents et enseignants sont rassurés, il faut laisser du temps au temps, et l'enfant trouve graduellement la voie des apprentissages, à son rythme et sans qu'on puisse parler d'atypie de développement.

En revanche, si les difficultés persistent, si, en dépit d'un diagnostic fin, et d'une prise en charge d'intensité et de nature adaptées, les progrès restent décevants, une approche plus globale sera nécessaire. Surtout, quand les difficultés évoquées par l'enseignant ou constatées par les parents sont plus complexes, moins centrées autour d'un apprentissage très spécifique, il faudra savoir aller plus loin, placer dans leur contexte aptitudes et fragilités de l'enfant, mettre en perspective les capacités préservées et celles qui sont moins faciles à mobiliser. À défaut, les erreurs de diagnostic seront à craindre, des prises en charge non pertinentes risquent de se prolonger sans bénéfice. L'enfant perd un temps précieux, s'épuise. L'anxiété des parents se renforce. L'enseignant n'est pas rassurant, et l'enfant est de plus en plus malheureux à l'école. Chacun dit : « Nous faisons tout ce qui est en notre pouvoir ! » Pourtant, l'enfant végète et les relations en famille et à l'école se compliquent. C'est dans ce cas qu'il ne faut pas hésiter à aller plus loin et rechercher un bilan neuropsychologique complet. C'est à cette aune que parents et enseignants auront en main les données leur permettant d'adapter au mieux leur approche. C'est ainsi qu'on saura s'appuyer sur les points forts de l'enfant, en l'aidant à contourner ses difficultés.

Pour que parents et enseignants aient à leur disposition une compréhension suffisante des mécanismes en jeu dans les apprentissages, il est important que les principes fondamentaux du fonctionnement cérébral soient compris.

À retenir

• Devant un enfant en difficulté scolaire, parents et enseignants peuvent avoir confiance dans leurs observations.

• L'établissement d'un dialogue ouvert et chaleureux entre parents et enseignants est le prérequis d'une démarche de dépistage efficace.

• Au cours de leurs échanges, parents et enseignants doivent chercher à partager des observations objectives, dénuées de jugement.

• Sur la base des observations qui lui sont communiquées et de son travail d'expert, c'est à un professionnel bien choisi de poser un éventuel diagnostic.

2

DÉPISTER

C'est avec son cerveau qu'on apprend ! Si son fonctionnement est longtemps demeuré mystérieux, le mythe a désormais laissé place à une connaissance raisonnée qui s'appuie sur des modèles éprouvés et des preuves scientifiques. Pourtant, en France, aujourd'hui encore, une référence explicite à l'activité du cerveau au cours des apprentissages peut être considérée comme un réductionnisme effrayant, ramenant le comportement de l'être humain au fonctionnement d'une machine, « désenchantant » le monde au service d'une vision utilitariste et mécaniste de l'âme.

Or plus on se rapproche d'une connaissance fine et organisée du développement et du fonctionnement du cerveau, plus on découvre l'admirable éclosion de fonctions organisées, souvent plus générales, subtiles et abstraites que ce qu'on aurait pu penser.

Un principe fondamental, très précieux pour les enseignants, c'est que, en première approximation, le cerveau est modulaire : les données accumulées depuis des décennies par les neuroscientifiques mettent en évidence que le cortex n'est pas indifférencié et pluripotent, mais au contraire divisé en régions spécialisées et dédiées à certaines tâches. Le grand avantage évolutionniste de ce partage du travail, réside dans le fait que, si certaines aires ne fonctionnent pas bien, les autres fonctions ne sont, en principe, pas affectées. Chez l'adulte, on constate bien que si, hélas, on est victime d'un accident vasculaire cérébral sylvien gauche, on peut perdre la parole, c'est-à-dire devenir aphasique. En revanche, si les dommages restent circonscrits, les autres capacités cérébrales, les autres fonctions cognitives ne seront pas nécessairement affectées.

Chez l'enfant, cette modularité s'applique largement. On peut souffrir d'un trouble de la lecture sans que soient affectées les capacités d'écrire ou de compter avec aisance. Pour les enseignants, il s'agit d'un concept clé : si l'enfant est en panne au cours d'un certain type d'apprentissage, les autres ne sont pas nécessairement moins faciles. On parle de dissociation. C'est là que l'enseignant intervient en s'appuyant sur les forces de l'enfant et en contournant les processus plus difficiles ou plus coûteux.

Les fonctions modulaires du cerveau

Le langage oral

Le langage oral n'est pas un apprentissage formel au sens des apprentissages dits culturels ou scolaires. En effet, on n'enseigne pas à l'enfant à parler. Les spécialistes du développement du très jeune enfant (Mehler et Dupoux, 1990 ; Dehaene-Lambertz, 2002) ont montré que, dès la naissance et de manière spectaculaire, le nourrisson reconnaît la voix humaine – et particulièrement celle de sa mère à laquelle il a déjà été exposé pendant neuf mois *in utero*. C'est pour lui un stimulus à part, différent d'un son quelconque. Au cours des premiers mois de vie autonome, il est capable de discriminer finement les phonèmes de toutes les langues du monde. Après tout, il ne sait pas d'avance qu'il est né dans une famille française, russe ou chinoise ! Par estimation implicite des fréquences d'occurrence de certains sons, il affine son expertise des phonèmes de sa langue maternelle. Après l'âge de 8 mois, il a une préférence marquée pour ces derniers, qu'il discrimine de manière experte, tandis qu'il devient plus indifférent aux phonèmes des autres langues. De manière simultanément probabiliste, il va insensiblement parvenir à découper le flux apparemment ininterrompu de la parole en prêtant attention à la prosodie, l'enveloppe intonative de la langue qui lui permet de repérer les modulations spécifiques de la voix à la fin des phrases ou de groupes de mots. Ses parents l'aident sans s'en rendre compte avec un parler un peu particulier, une sorte de « langage bébé » pas nécessairement abêtissant, mais appuyant insensiblement sur ces marqueurs intonatifs. Ainsi, l'enfant, qui possède des prédispositions innées pour l'apprentissage du langage, apprendra rapidement les rudiments de sa langue maternelle, par simple exposition aux locuteurs de cette même langue. On n'a pas besoin de lui apprendre à parler, il parle par enrichissement des aires cérébrales prévues à cet effet par l'évolution.

Comme on l'a vu, la compréhension vient la première. Elle investit des aires cérébrales particulières, généralement à l'arrière de l'hémisphère gauche. Plus en avant, les aires de l'expression du langage (la fameuse aire de Broca, siège du langage expressif) deviennent graduellement fonctionnelles.

Cependant, on notera que si la compréhension du langage est assez précoce, l'expression est nettement plus tardive, de près d'un an. Cela est essentiellement dû à l'immaturité des effecteurs musculaires et des praxies bucco-phonatoires qui rend l'articulation maladroite. Peu à peu maître des sons de la langue, le bébé va enrichir son vocabulaire, intégrer des éléments de syntaxe simplifiée (et peut-être universelle) et l'enrichir au point de devenir en trois ans un locuteur expert de sa langue maternelle.

On constate donc que le langage est censé venir spontanément à l'enfant, si tant est qu'il soit suffisamment exposé à sa langue, ce qui est généralement le cas.

• *Les troubles structurels du langage*

De manière assez intuitive, les parents s'attendent à ce que leur enfant prononce ses premiers mots au cours de sa seconde année. Non pas des sons indifférenciés, ou des vocalises, mais une parole intentionnelle, pas nécessairement bien articulée, mais dirigée vers un but de communication. Ils se rendent compte que quelque chose ne va pas quand la parole vient à tarder. Un enfant qui parle peu ou mal au cours de la troisième année de vie commence à inquiéter. Par la suite, les choses ne se normaliseront pas nécessairement : l'enfant s'exprime *a minima*, bien qu'ayant une appétence évidente pour la communication. Il prononce mal, son articulation est peu intelligible en dehors du cercle familial. L'enfant déforme les mots ou les emploie l'un pour l'autre, avec une faible précision. Les règles conventionnelles ne sont pas maîtrisées (« une soleil », « je mangera », « je vais à le parc », etc.). La syntaxe est fautive, la structure du discours désorganisée, difficile à suivre. On peut alors parler de *dysphasie expressive*, trouble spécifique du langage oral.

Redoutables car beaucoup plus discrets et moins impressionnants, il existe aussi chez l'enfant des troubles de la compréhension du langage. Certes l'enfant saisit les ordres simples, peut échanger avec ses camarades, ses frères et sœurs, mais, dès que les interactions deviennent plus complexes ou plus subtiles, il est vite perdu. Il s'éloigne, ne participe pas aux conversations familiales, évite de rentrer dans de trop grands groupes. Anxieux, l'enfant peut devenir sur le qui-vive, hypersensible, agressif. Il ne peut pas dire : « Je n'ai pas compris ! », car il ne le sait pas toujours lui-même. C'est en répétant, et surtout en disant les choses autrement qu'on se rend compte que c'est une question liée à la formulation de ce qu'on lui dit, et non pas l'idée elle-même, qui l'empêche de saisir. Il ne s'agit pas non plus d'une question d'attention, mais bien d'un *trouble structurel du langage* : les aires dédiées au décodage du message verbal ne font pas correctement leur travail, et l'enfant se retrouve « étranger à sa propre langue ».

Si parents ou enseignants se surprennent parfois à s'adresser à l'enfant comme s'il était sourd, en articulant et le regardant bien en face, en faisant des phrases courtes à la syntaxe simple, si on se rend compte que la réalisation des consignes à l'oral est difficile dans tous les domaines, on peut s'interroger quant à un éventuel trouble du langage oral ou *dysphasie réceptive*.

De manière tout à fait dissociée et autonome, l'enfant en difficulté dans le domaine du langage peut exceller dans tout ce qui est manipulation, construction, dessin. L'enfant est actif, sportif, aime les jeux de ballon et de raquette. Il réalise des maquettes sur la base de plans, aime les travaux manuels. C'est-à-dire que malgré ses troubles du langage, les praxies sont tout à fait préservées.

Les praxies

Comme l'a formulé le Dr Michèle Mazeau, spécialiste de ces questions, les praxies sont des gestes intentionnels dirigés vers un but. En effet, de nombreux mouvements, telle la marche, font partie de l'équipement du petit humain. Bouger un bras, tourner la tête, tous ces mouvements réflexes ou simples ne s'appuient pas sur un plan initial élaboré. En revanche, s'habiller tout seul, se brosser les dents, manger proprement, dessiner, construire puzzles et Lego, tout cela demande une anticipation, un projet dit de haut niveau, car élaboré souvent d'abord consciemment, même s'il peut par la suite s'automatiser sous l'effet de l'entraînement. Le projet va demander la programmation d'une série de gestes séquentiels ou simultanés, qui vont être enfin réalisés concrètement dans l'espace. Comprendre cette mécanique complexe du projet à sa réalisation est encore du domaine de la recherche.

Il apparaît cependant que, pour certains enfants, cette mécanique de transformation d'un plan d'action en réalisation dans l'espace ne se met pas correctement en place. Comme ont pu le montrer Leslie Ungerleider et Mortimer Mishkin, chercheurs au National Institute of Mental Health, elle passe principalement par le lobe pariétal du cerveau. Elle peut néanmoins se gripper et rendre difficile l'automatisation progressive des plans d'action qui restent alors lents, coûteux, peu efficaces. L'enfant se rend bien compte, et souvent douloureusement, de la différence entre son intention et ses réalisations. Il a beau faire, s'entraîner plus que les autres, il restera en deçà de ce qu'on aurait pu attendre pour son âge. On le voit bien : s'il se concentre beaucoup, y met beaucoup d'énergie, la réalisation est un peu meilleure. Et on pense alors qu'il s'agit d'un manque d'attention… ou de bonne volonté. Toutefois, on comprend bien qu'un tel effort n'est pas possible de manière durable, prolongée, systématique et fiable. Le geste reste contrôlé, donc coûteux.

À l'école, c'est particulièrement vrai pour l'écriture. En effet, c'est la praxie par excellence, mobilisée en permanence au cours de la scolarité. Au début de l'apprentissage, l'écolier réalise de manière répétée des gestes de base (boucles, traits, ronds, etc.) qui sont les briques élémentaires du système alphabétique. Il apprend ensuite à les assembler pour former les 26 lettres. Mais tout ne s'arrête pas là : il faut apprendre à lier ces lettres entre elles pour former des mots et peu à peu enchaîner ces derniers… Tout cela demande une bonne préhension de l'outil scripteur : comme a pu le décrire en son temps le professeur Ajuriaguerra et plus récemment Édouard Gentaz de l'Université de Genève, tout compte : la position des doigts, du poignet, de l'avant-bras, du coude, du bras, du torse, de la tête et des yeux ! Toute une pratique complexe que l'enfant doit adapter à ses propres dispositions physiques. Cette mécanique n'était pas prévue par l'évolution, et notre main de primate n'était pas nécessairement configurée pour tracer des pattes de mouche sur une feuille blanche. De fait, tous les enfants et certains adultes n'y arrivent pas si facilement que ça. On parle de 15 % de dysgraphiques dans la population. L'écriture entre clairement dans le champ des praxies. Chez l'enfant, on peut observer une difficulté à automatiser les gestes élémentaires et les programmes d'action élaborés, visant la rédaction d'un mot, d'une phrase, d'un texte. La dysgraphie, lorsqu'elle est avérée et invalidante du point de vue fonctionnel, peut être isolée ou incluse dans des difficultés praxiques plus larges.

Comme on l'a vu, toutes ces difficultés peuvent être indépendantes, mais aussi parfois associées, ce qui rend l'évaluation du trouble plus complexe, car mêlées dans l'intrication des fonctions préservées et des facultés plus fragiles.

Le sens des nombres

Des chercheurs (Dehaene, 2010 ; Izard *et al.*, 2008) ont pu montrer que les compétences numériques sont elles aussi codées dans une partie du cerveau située au sein du lobe pariétal, et plus particulièrement dans le sillon intrapariétal. Le lobe pariétal est bien le même que celui qui est mobilisé lorsqu'on met en œuvre les praxies. Et pourtant, ces compétences numériques sont autonomes des capacités praxiques. Qui dit dyspraxie ne dit donc pas nécessairement dyscalculie… et inversement.

Être mauvais en maths ne signifie pas qu'on est dyscalculique ! La dyscalculie est un trouble qui empêche de saisir la notion de grandeur, de magnitude. On est alors en panne pour symboliser, quantifier, énumérer, estimer, manipuler les quantités numériques. Tel enfant dyscalculique aura du mal à lire ou à transcrire les chiffres et les nombres, tel autre aura du mal à réaliser des petits calculs mentaux. La représentation analogique des nombres dans l'espace n'est pas intuitive. Les estimations de grandeur seront décalées, voire aberrantes (Quel âge à la personne la plus âgée au monde ? « Mille ans », répond Martin, 11 ans et en sixième… Dans sa tête, ça veut simplement dire qu'elle est très vieille).

La plupart des enfants parviennent heureusement à manipuler aisément les nombres et les quantités numériques. La dyscalculie est du reste un trouble assez rare, impliquant moins de 1 % de la population.

La lecture

Toujours aussi paradoxalement, un enfant peut manier aisément le code numérique, et en revanche avoir beaucoup plus de mal avec le code alphabétique. C'est ce qu'on appelle le champ des *dyslexies*. Il est vrai que le code numérique n'est fait que de 10 symboles de base, tandis que l'écriture s'appuie sur 26 lettres. Mais il ne s'agit pas uniquement d'une question de quantité d'information, mais surtout de mécanismes sous-jacents qui sont totalement différents.

Pendant longtemps et encore trop souvent aujourd'hui, dyslexie est restée synonyme de trouble des apprentissages. Quand on parle d'un enfant qui a du mal à l'école, on dit encore parfois abusivement qu'il est dyslexique. Or la dyslexie se réfère uniquement à un trouble de la lecture. Ce terme ne se réfère pas à des causes particulières et reste simplement descriptif. Un enfant dyslexique est un enfant qui a du mal à lire.

Les mécanismes de la lecture commencent à être bien connus, constituant désormais une véritable science de la lecture, développée dans de nombreux laboratoires à travers le monde et en particulier dans le laboratoire de Neurosciences cognitives du centre d'imagerie de recherche NeuroSpin près de Paris, dirigé par Stanislas Dehaene. Le coup de génie des inventeurs du code écrit, c'est d'avoir réussi le tour de force de « rendre la parole visible ». L'extraordinaire potentiel de cette révolution de l'écrit qui a fait sortir l'humanité de ce qu'il est convenu d'appeler la préhistoire pour entrer dans l'histoire, c'est qu'elle a permis à l'homme de se créer une mémoire externe. En effet, la puissance accumulatrice de l'archivage stable des connaissances humaines permet de fixer et revenir sur les idées qui ont été consignées. Un travail d'amélioration des connaissances est *de facto* possible, sur la base de ce qui a déjà été pensé, dit et jugé digne d'être conservé.

Les enfants ne s'y trompent pas. L'entrée dans la lecture est l'ouverture d'une terre promise par les parents et bientôt les enseignants, celle d'un monde merveilleux et fascinant fait d'histoires, de contes, de savoirs et de connaissances. L'entrée à la « grande école », c'est sans aucun doute l'entrée dans la lecture et, partant, dans la culture, l'histoire humaine.

Les enfants entrent le plus souvent avec enthousiasme dans la lecture. On leur apprend très tôt, dès l'école maternelle, à reconnaître les lettres, et ils sont particulièrement fiers et satisfaits de maîtriser celles de leur prénom, qui leur permet de signer leurs dessins. En grande section de maternelle, on va travailler sur les sons de la langue, les phonèmes. Par le biais de jeux sur les rimes, de comptines, l'enfant va apprendre à isoler ces sons qui sont les briques élémentaires du système alphabétique. Puis, à partir du CP, les choses sérieuses commencent. On va renforcer la finesse de la conscience phonologique et on va apprendre à lier lettres et phonèmes. Graduellement, on va associer groupes de lettres et groupes de phonèmes dans les mécanismes dits d'assemblage. Si l'enfant s'en sort bien pour les couples simples (b-a/ba), que de chausse-trappes par ailleurs ! Des lettres qui se ressemblent, mais sont en miroir (b/d ; p/q) ; des lettres ou groupes de lettres qu'il va falloir prendre comme un tout (oin, ain, ein, ille…) ; de sons identiques pour de nombreuses graphies plus ou moins exotiques (pensez à au, eau, haut, o, eaux, ô…). La langue écrite française n'est guère transparente, et il va falloir déjouer ces pièges. Il va falloir reconnaître et éviter de prononcer les lettres muettes (des, tout, sept…). Ce que la plupart des enfants réussissent en à peine un an !

Pour d'autres, cette joie promise se transforme en pensum et parfois hélas, en cauchemar. Certains parviennent certes à accéder à la transmutation des lettres en sons, mais dès que les mots sont alignés en lignes, phrases, paragraphes, la délicate mécanique visuelle qu'il faut mettre en jeu se montre rétive. L'enfant saute des mots, des phrases, se perd dans le texte. C'est ce que Sylviane Valdois, de l'université de Grenoble, appelle *dyslexie visuo-attentionnelle*.

Pour certains enfants, ce sont d'autres mécanismes de la lecture qui sont en cause. Depuis les travaux de Coltheart dans les années 1970 et son modèle de lecture « à double voie », on met ainsi en évidence d'autres types de dyslexie. Ce modèle a été enrichi et amendé de nombreuses fois depuis, en particulier par les travaux de Seidenberg pour rendre compte de la dynamique d'apprentissage de lecture par les enfants. Ainsi on peut distinguer certains enfants qui déchiffrent tous les mots qui leur tombent sous les yeux, y compris les mots irréguliers qui sont légion en français (pensez à ville, bourg, femme, etc.). Ces enfants ne parviennent pas à se constituer un lexique, malgré leur maîtrise des règles d'assemblage. On parle de *dyslexie de surface*. D'autres, enfin, ont du mal précisément à convertir les lettres et groupes de lettres en sons, mais parviennent bon an mal an à se créer un stock de mots qu'ils vont lire par voie rapide, qu'on appelle voie d'adressage (ou voie lexicale). En effet, en s'entraînant à la lecture, l'enfant va pouvoir automatiser l'accès à l'enveloppe sonore de certains mots, voire directement à son sens, sans passer par le déchiffrage. Pour tout lecteur, il s'agit d'un mécanisme essentiel, à défaut duquel la lecture resterait très lente et laborieuse, avec un accès limité au sens. Mais alors gare aux mots nouveaux qui s'immiscent nécessairement partout en début d'apprentissage de la lecture ! Ils seront déchiffrés laborieusement, voire le plus souvent assimilés à un mot déjà connu. On parle alors de *dyslexie phonologique*.

En définitive, quel que soit le type de trouble, l'enfant dyslexique est en panne quand il s'agit de prendre de l'information par la lecture. Le déchiffrage est coûteux, laborieux. L'enfant s'épuise, n'accède pas au sens. Or, très vite au cours de sa scolarité, tout passe par l'écrit. Et si les premières années sont destinées à la maîtrise instrumentale de l'outil de lecture, on lui demandera bientôt de devenir un lecteur expert, capable d'aller chercher et de prendre de l'information écrite. La mécanique de la lecture sera censée être maîtrisée, et on en attendra de l'enfant un usage fluide et fonctionnel. Chez l'enfant dyslexique, c'est là que les difficultés s'amoncellent. Lente, inefficace, entrecoupée d'erreurs, la lecture devient source d'anxiété majeure – « Je ne vais pas y arriver » – qui entretient un cercle vicieux.

Bien que proche des réseaux neuronaux du langage oral, les réseaux de la lecture ne leur sont néanmoins pas superposés. C'est quand la mécanique de la transformation des lettres en sons se réalise que vont être convoquées les aires traitant les sons de la langue. Cette interaction est cruciale pour que la magie opère.

C'est dire que si certaines compétences fondamentales sont autonomes, « encapsulées », soutenues par des aires cérébrales spécialisées, des réseaux de communication permettent de faire interagir harmonieusement ces zones dédiées. De plus des compétences transversales sont nécessaires pour intégrer ces compétences particulières.

Les systèmes transversaux

Les mémoires

Les phénomènes de mémoire font partie de celles-là. Depuis les travaux de Brenda Milner, pionnière de la neuropsychologie cognitive, on pense que l'encodage d'une information nouvelle se fait dans un endroit précis du cerveau, le complexe hippocampique. Les souvenirs, quant à eux, semblent être stockés de manière répartie et associés aux aires sensorielles qui ont permis de les encoder. La mémoire du sens des mots et l'accès au réseau sémantique se fait non loin des aires du langage. La mémoire procédurale des gestes appris est commandée par le lobe pariétal et modulée par le cervelet.

Les informations stockées en mémoire à long terme sont d'une grande importance au cours de la scolarité, car elles fournissent des éléments de contexte qui permettent de mieux comprendre le contenu des apprentissages. Sans qu'on s'en rende nettement compte, les exigences en termes de mémorisation sont très significatives tout au long du parcours scolaire.

Que dire des capacités attentionnelles ! À l'école, elles sont accusées de tous les maux. « Réussirait très bien s'il faisait plus attention ! », lit-on dans tous les bulletins scolaires, même ceux des bons élèves. « Trop d'étourderies ! », « La lecture serait meilleure si Juliette était plus attentive : elle lit trop souvent un mot pour un autre ». Or on vient de voir que si l'attention peut ici jouer un rôle, c'est que Juliette est sans doute débordée par la charge attentionnelle demandée par sa lecture difficile et coûteuse. Elle n'a pas nécessairement un trouble attentionnel, mais bien plus probablement un trouble de la lecture.

Les capacités attentionnelles

Grâce aux nombreux travaux d'équipes de recherche à travers le monde, dans le sillage de pionniers tels Anderson et Posner, on sait que les fonctions attentionnelles ne sont pas une aptitude monolithique. Elles sont dépendantes de la modalité mobilisée, en particulier visuelle ou auditivo-verbale. Mais on peut aussi décrire plus finement chez tout un chacun des capacités d'attention focalisée. C'est celle-ci que l'enfant va solliciter le plus lorsqu'on va lui demander d'aller chercher une information dans un texte, une image, un graphique, un tableau. Corriger ses fautes d'orthographe, c'est être capable de mobiliser sélectivement son attention sur certains indices qu'on va rechercher activement. Si on se laisse distraire par d'autres informations parasites (un stylo qui tombe par terre, un cri dans la cour de récréation, voire par une intervention de l'enseignant qui répète sa consigne aux retardataires), le processus de prise d'information est perturbé, et l'enfant perd le fil, ne s'attache plus aux données pertinentes et échoue dans sa recherche qui est parcellaire ou même parfois totalement erronée.

L'attention soutenue constitue une autre dimension des capacités attentionnelles. Elle consiste à être capable de maintenir un certain niveau de vigilance tout au long d'une tâche qui se prolonge, qu'elle soit motivante ou non, de façon à saisir l'essentiel de ce qui a été évoqué. Tout enseignant cherche à rendre son cours aussi passionnant que possible. On essaie de dénicher des éléments stimulants et intéressants qui sauront rattraper l'enfant qui se démobilise. N'oublions pas que l'enfant reste jusqu'à 8 heures par jour sur les bancs de l'école. L'exigence attentionnelle est intense, et ne peut être maintenue en permanence à un niveau optimal sans accroc, sans relâche.

Tous les enfants (et les adultes) connaissent ces moments de relâche. Songez à ces conférences professionnelles qui se prolongent. Certains orateurs sont captivants. Ils motivent et relancent, attirent et stimulent. Il est vrai que l'attention est fortement modulée par la motivation et le plaisir. D'autres sont moins talentueux. Leur sujet est peut-être plus aride, moins accessible ou plus abstrait. Ils sont moins experts dans la capacité à réveiller et à stimuler l'envie d'écouter, ils manient avec moins d'aisance les formules rhétoriques qui emportent l'adhésion de l'auditoire. Le ton est plus monocorde… Tous les enfants seront exposés à des enseignants qui auront un talent plus ou moins marqué pour susciter l'intérêt, voire l'enthousiasme des élèves. Cela fait partie de l'expérience scolaire.

Toutefois, même dans le cas où l'enseignant gagne son pari et entraîne ses élèves après lui, les capacités d'attention ne sont pas sans limites. La complexité du contenu, la familiarité ou non avec ce qui est présenté ont un impact fort sur la capacité de chacun à se reprendre quand on a perdu le fil. La capacité elle-même à se rendre compte qu'on lâche prise dépend aussi fortement de la maturité. Comme le décrit bien la philosophe Joëlle Proust, à mesure que l'enfant grandit et que les exigences augmentent, ce regard sur soi devient primordial. Mais ces fameuses capacités dites métacognitives ne vont se développer que graduellement, jusqu'au jeune âge adulte et même au-delà.

Or, chez certains enfants, cette capacité d'attention est particulièrement réduite. On les décrit comme rêveurs, rapidement flottants. Ils décrochent, et bien que parfois intéressés et motivés, ils ne parviennent pas à prolonger leur investissement attentionnel, non par mauvaise volonté, mais tout simplement parce que leurs ressources sont limitées, plus immatures que celles de leurs pairs au même âge. Des recherches récentes (Shaw, 2007) ont montré qu'il ne s'agit pas d'une atypie de développement, mais plutôt d'un retard de maturation de certains cortex. Avec l'âge, certaines zones du cerveau vont rattraper leur retard en multipliant les connexions, ce qui permettra aux capacités attentionnelles de se normaliser.

Notons malgré tout que même certains adultes garderont des fragilités attentionnelles. Un père qui cherchait à comprendre les difficultés de sa fille racontait : « Au cinéma, je peux décrocher au point qu'une demi-heure s'est écoulée, et je n'ai plus rien suivi de ce qui s'est passé à l'écran ! » Et pourtant, il avait fait du cinéma son métier. Sa fille, quant à elle, s'endormait parfois en plein cours !

Les fonctions exécutives

Comme on l'a vu, l'enseignant a face à lui des enfants bénéficiant d'une vaste palette de compétences dans tous les domaines : langage oral, plus tard langage écrit, sens des nombres, tout un répertoire de gestes qui se développe et s'enrichit. Les phénomènes de mémoire vont permettre de graver des informations nouvelles, de les organiser et les récupérer. Grâce aux capacités attentionnelles, l'enfant pourra peu à peu, avec de plus en plus d'efficacité, focaliser sa vigilance sur telle ou telle information particulièrement utile, sur les détails les plus spécifiques à un domaine.

Cette richesse de compétences déboucherait sur un chaos de réactions désordonnées et erratiques s'il n'y avait un chef d'orchestre. Un modérateur est nécessaire pour faire le tri entre les informations pertinentes à un moment donné, toutes les réponses possibles, plus ou moins appropriées et ajustées à la question du moment. Ce « P-DG du cerveau », ce sont les fonctions exécutives, portées par les aires cérébrales situées sous notre front. Précieux allié de toutes nos compétences et habiletés, elles nous permettent de tendre un filtre entre le monde et nous, entre nous et le monde. Depuis les travaux du neuropsychologue Alexandre Louria, et les progrès de l'imagerie fonctionnelle du cerveau, on sait que, sans leur puissance modératrice, on se laisserait envahir par toutes les stimulations alentour, qui évoqueraient à tout bout de champ des réponses décalées, inappropriées. On ne pourrait plus inhiber nos inspirations soudaines. On ne pourrait pas hiérarchiser l'importance des informations qui s'engouffreraient sans rime ni raison dans les mécanismes fins de notre cerveau. On ne parviendrait pas à repousser les intrusions, les associations d'idées soudaines évoquées par d'infimes sollicitations internes ou externes. On répéterait, insisterait et cristalliserait des erreurs répétitives, on ne pourrait pas sortir de l'ornière et passer de manière fluide d'une tâche à l'autre.

Les fonctions exécutives sont lentes à mûrir. Qu'on observe un petit enfant de 5 ans, vivant, enthousiaste. Il tourne, saute, fait des galipettes, embrasse avec confiance les nouveaux venus, chante à tue-tête, parle à tout bout de champ, interrompt l'adulte, saute du coq à l'âne ! Cela peut être charmant, un vrai témoin de la vitalité de l'enfance, de sa créativité… et de sa faible inhibition ! Le même comportement à 10 ans est déjà plus inquiétant. L'enfant intervient en classe sans qu'on puisse l'arrêter, émet des bruits inappropriés, parle sans qu'on l'ait interrogé, répète les mêmes erreurs sans qu'on parvienne à le corriger. Il est impulsif, sans frein. Il est envahi par toutes les sollicitations de l'environnement et se laisse guider par tous ses réflexes. Il épuise tout le monde, sans qu'on sache comment l'arrêter. À 15 ans, même si le comportement est moins explosif, cela devient clairement préoccupant.

L'enfant gêne tout le monde, les interactions sont inadaptées, le désordre complet et insupportable pour l'enfant comme pour son entourage.

Les *troubles dysexécutifs* de l'enfant sont difficiles à détecter, souvent confondus avec l'hyperactivité. Celle-ci évoque bien les problèmes d'impulsivité : l'enfant est un tourbillon, instable, toujours en mouvement, fatigant, usant. Mais cette agitation permanente est d'une autre nature. Elle touche certes la sphère de l'attention, mais n'est pas toujours accompagnée de ce chaos mental qui désorganise les apprentissages lorsque les fonctions exécutives sont en jeu.

La mémoire de travail

Faisons une place à part à la mémoire de travail qui est un outil cognitif clé. Son nom est en partie trompeur. Il ne s'agit en effet pas d'une mémoire de stockage, comme pour se rappeler que la France est en Europe ou qu'un teckel est un chien, ou encore pour garder en tête le numéro de téléphone de son voisin le temps d'aller le griffonner rapidement sur un bout de papier avant de l'oublier. La mémoire de travail est une mémoire vive, qui permet de maintenir en tête des informations dans le but de travailler dessus. Si je dois calculer 25 + 32 sans papier, je dois maintenir chaque élément de l'opération en tête, me rappeler qu'il s'agit d'une addition, la réaliser (plusieurs stratégies sont possibles, je dois la choisir et en suivre le scénario), me rappeler des données intermédiaires (une retenue par exemple), puis terminer en rassemblant les différents éléments et donner ma réponse. À ce moment-là (ouf !), je peux effacer le contenu de ma mémoire de travail et ne conserver que le résultat final… tant que j'en ai besoin. La mémoire de travail unifie la cognition, permet de tisser des liens, de rapprocher des éléments entre eux, de catégoriser. C'est en effet une fonction qui permet de rendre présentes à la conscience des données qui pourront être manipulées, transformées, recyclées… C'est pourquoi la mémoire de travail est une des dimensions essentielles des fonctions exécutives.

En effet, tout serait plus simple si chacune de ces fonctions était indépendante et autonome. Mais pour que notre cerveau puisse créer un accès cohérent au monde, nos multiples aptitudes doivent être intégrées et coordonnées. Cette communication est permise par l'interconnexion massive des différentes régions du cerveau qui peuvent ainsi dialoguer. Si certaines fonctions sont très spécialisées, d'autres sont profondément transversales, unificatrices et régulatrices. Et quand on a un élève devant soi, quand on travaille auprès de son enfant, quand on guide et stimule, enseigne et partage, on interagit avec cette complexité-là ! Sans oublier que l'adulte à son tour, avec ses propres talents, ses propres limites cognitives aussi, qu'il soit parent ou enseignant, s'appuie sur la même architecture cognitive que celle de l'enfant !

Les émotions

Naturellement, on n'interagit pas seulement avec des cerveaux, mais avec des personnes. Une fois de plus, nulle intention de réductionnisme en faveur des compétences cognitives de l'enfant. L'être en développement (et demain l'adulte) est aussi fait d'une base biologique, de facteurs de personnalité, d'un environnement familial, social et culturel. Aucune dimension n'est réductible à une autre qui les résumerait toutes.

Parlons plus particulièrement des émotions. On entend souvent dire : « Et le plaisir d'apprendre, le désir dans tout cela ? », « Cet enfant est hors du lire, car il ne s'autorise pas à apprendre ! », « Il ou elle a un blocage psychologique ». Comme si parler du développement cognitif de l'enfant consistait à évacuer les émotions du champ des apprentissages ! Ce n'est évidemment pas le cas, bien au contraire, d'autant que ces émotions sont aussi traitées… par le cerveau. Elles constituent un élément clé du développement harmonieux de la cognition. On a longtemps pensé que les émotions étaient un facteur de désordre, des empêcheurs de penser rationnellement. L'émotion serait une part déraisonnable de soi, une série de démons tentateurs. Or, à la suite d'Antonio Damasio et de son équipe de l'Université de l'Iowa, on a pu montrer que sans émotion, point de raison. L'émotion colore et informe sur le monde. Elle alerte sur les dangers, rapproche des éléments utiles, met à distance des stimuli inutiles ou inquiétants. La joie, la tristesse, la peur, le dégoût, l'envie, tout ce concert des désirs et des peines nous guide, le plus souvent à notre insu, comme d'ailleurs la plupart des phénomènes évoqués plus haut.

Toutefois, chez l'enfant, ne confondons pas cause et conséquence ! Si Raphaël déteste lire, ça n'est pas uniquement parce que les jeux vidéo sont plus alléchants, plus faciles, ou moins exigeants. Certes, l'environnement social va parfois favoriser certaines activités plutôt que d'autres. Pourtant, combien de parents, connaissant l'importance de l'exposition régulière à l'écrit, sollicitent malgré tout leurs enfants avec des propositions de lecture, des petits journaux… Aussi, si Raphaël n'aime pas lire, cela peut être aussi parce que la lecture lui demande énormément d'efforts, et que, contraint par un déchiffrage laborieux, il ne parvient pas à simultanément se représenter ce qu'il lit, et donc à accéder au sens. Tous ceux qui n'aiment pas lire ne sont pas dyslexiques, mais peu d'enfants dyslexiques aiment lire.

Outre la coloration émotionnelle des apprentissages qui provoquent selon les cas appétit et plaisir, et d'autres fois aversion et dégoût, n'oublions pas qu'apprendre est aussi une activité culturelle, dans laquelle l'enfant doit s'engager. Au-delà des mécanismes, qui restent le socle sur lequel l'enfant va s'appuyer pour s'emparer des savoirs et savoir-faire, Joseph Renzulli (1977) a montré que l'engagement est l'un des facteurs déterminants qui permettra de transformer une obligation ennuyeuse et pénible en excitation et joie pour ce qui est nouveau, pour ce qui va ouvrir des perspectives inattendues, des richesses insoupçonnées.

C'est souvent le discours des parents d'enfants précoces : « Mon enfant s'ennuie ! C'est trop facile, il parvient immédiatement à la réponse, sans savoir comment il a fait ! Mon enfant ne pense pas comme les autres, et l'école traditionnelle n'est pas faite pour lui. » Certes, l'enfant pertinent peut à l'occasion trouver le temps long, lorsque ses camarades moins doués peinent à saisir ce que lui a déjà compris depuis longtemps. Cependant, nos programmes scolaires pléthoriques ne devraient pas laisser l'enfant curieux sur sa faim. L'étendue infinie des connaissances permises par les apprentissages devrait satisfaire l'enfant talentueux le plus exigeant. Il y faut cependant un goût et une autonomie lorsqu'il s'agit de s'emparer d'informations nouvelles, une sorte de dynamique intérieure qui permettra à l'enfant d'aller spontanément plus loin, visant l'exhaustivité et l'excellence.

Les apprentissages sont un festin. Nos aptitudes innées nous permettent généralement d'y accéder de manière satisfaisante et aisée. Pour beaucoup d'enfants, l'école apportera la joie d'apprendre en donnant accès à des univers inédits, des compétences permettant d'aller toujours plus loin, de donner libre champ à son plein potentiel. Pour d'autres, l'école qu'ils se faisaient pourtant la joie de fréquenter va devenir après quelques mois un lieu de déception et de souffrance. Malgré tous leurs efforts, les bénéfices sont minces, les frustrations nombreuses. Il ne s'agit cependant pas là d'une fatalité. En connaissant bien leurs aptitudes et leurs fragilités, parents et enseignants peuvent aider les enfants à réussir, en dépit de leurs difficultés et de leurs troubles des apprentissages.

À retenir

• Les apprentissages passent par des mécanismes cérébraux souvent très spécifiques. Parmi ces fonctions spécialisées, on parlera du langage, de la lecture, des praxies, du sens des nombres.

• Ces aptitudes sont assez autonomes : un enfant peut être en difficulté importante dans certains domaines et exceller dans d'autres. Les échecs ne doivent pas faire de l'ombre aux aptitudes de l'enfant !

• Certaines fonctions unificatrices vont permettre d'intégrer les apprentissages : mémoire de stockage, attention, fonctions exécutives, mémoire de travail.

• Les émotions font partie intégrante du processus d'apprentissage. Elles les colorent et les informent.

• Le désir d'apprendre est naturel à tout enfant. Le « blocage » émotionnel n'est le plus souvent pas suffisant pour expliquer les difficultés scolaires.

Un trouble peut en cacher un autre

Raphaël a 8 ans. C'est un petit garçon bavard et pétulant. Il est très à l'aise avec les adultes, et rentre de plain-pied dans la relation. Il raconte ce qui lui est arrivé la veille dans la cour de récréation. Ça n'est pas tous les jours facile avec ses camarades… et pas seulement avec eux. L'enseignante peut elle aussi être débordée. Raphaël demande beaucoup d'attention, d'autant qu'il a beaucoup de mal à écrire. Il est tellement en panne dans ce domaine-là qu'il faut tout noter à sa place. « En fin de CE1, il faudrait quand même qu'il soit plus autonome. » Avec ses 28 élèves, elle n'a pas toujours le temps de lui copier la liste des devoirs avant qu'il ne rentre chez lui. Sa mère se désole, car elle a le sentiment que son fils perd pied, et ne peut pas rattraper le retard à la maison. On lui a conseillé de consulter un psychomotricien pour aider l'enfant dans ses difficultés d'écriture. Cela fait bientôt deux ans que, chaque semaine, l'enfant passe une demi-heure chez le praticien. Raphaël a longtemps aimé y aller. On fait des jeux d'équilibre, des petits travaux de précision. Mais maintenant, il se lasse : les progrès ne sont pas au rendez-vous. Après de multiples recherches sur Internet, les parents se demandent s'il ne s'agirait pas d'une difficulté plus profonde, une dyspraxie. Ce qui les inquiète le plus, c'est le comportement de Raphaël qui se dégrade. À l'école, il ne reste pas en place, tient tête à la maîtresse, refuse de travailler. À la maison aussi, la situation est de plus en plus difficile. Les devoirs sont un calvaire. Il ne laisse personne tranquille, même pas son petit frère qu'il a pourtant bien accueilli, et avec qui il partageait jusque-là les mêmes jeux. Serait-il hyperactif ? Le seul moment de paix, c'est quand il joue avec ses Playmobil, ou quand il construit des maquettes compliquées dans sa chambre. Cela peut l'occuper pendant des heures. On l'a emmené voir un psychologue. Il a du mal à parler de lui, et coopère *a minima*. Il semble toutefois en tirer quelques bénéfices, donc on continue. Angoissés, les parents finissent par contacter un neuropsychologue en ville. Il a fallu y retourner plusieurs fois, mais les différentes compétences intellectuelles et cognitives (capacité d'abstraction, raisonnement, attention, langage, praxies, etc.) ont été explorées de manière exhaustive. La surprise est de taille. Raphaël présente une dyslexie majeure. Il est quasiment non lecteur. Il reconnaît à peine toutes les majuscules et confond encore les cursives. Pas question pour le moment de déchiffrage, sans parler de compréhension. L'enfant n'a rien de dyspraxique. Il mobilise les gestes demandés sans difficultés. Le trouble massif de l'écriture a une tout autre cause : les lettres sont pour lui des hiéroglyphes sans signification qu'il transcrit sans savoir très bien ce qu'il fait. Le trouble apparent de l'écriture est en réalité un trompe-l'œil. C'est une conséquence du trouble du langage écrit. Si Raphaël est si pénible à l'école, c'est qu'il en a assez. Tout va bien lorsqu'on l'interroge à l'oral, il s'exprime avec aisance, répond à propos, sait attendre son tour et laisser ses camarades répondre. Cependant, dès qu'on est à l'écrit, ce qui se passe de plus en plus souvent, il ne sait plus que faire. Oisif, son attention dérive, il s'occupe de tout autre chose. Et pour cause : comment répondrait-il à ce qui lui est demandé. Il n'a pas su le lire !

Clémence vient d'entrer en CM1. Depuis la fin du CP, les passages d'une classe à l'autre ont été obtenus chaque année de haute lutte. Fine, la peau diaphane, elle parle avec une petite voix mal assurée. Elle aime l'école, car elle y retrouve ses amies Julie et Christelle. Discrète, on n'entend pas parler d'elle. Pourtant, elle est curieuse, nettement plus détendue à la maison. Elle aime raconter des blagues, se déguiser et s'occupe très bien des animaux domestiques. Le gros problème, depuis l'école primaire, c'est la lecture. Les débuts ont été très difficiles. L'année de CP est passée cahin-caha et, en fin d'année, seul le déchiffrage était acquis. L'année suivante, Clémence n'a pas rattrapé son retard. Si les mathématiques sont une discipline dans laquelle l'enfant réussit bien, elle a plus de mal en histoire. Il faut dire qu'il y a tous ces mots compliqués à lire sur la préhistoire. Elle a du mal à les retenir. On a donc consulté une orthophoniste dès la rentrée. Les séances se passent bien, les progrès sont nets, la lecture est plus fluide. On aurait aimé que ces progrès aient un impact à l'école, mais cela n'a pas été immédiat. La patience est de mise. Chaque année, les acquis sont notables, mais à la limite de ce qu'on peut attendre des élèves de son âge. Clémence est peut-être un peu immature. Il faudrait sans doute lui laisser plus de temps. D'autant qu'elle est née à la fin de l'année… De guerre lasse, la famille rentre dans la file d'attente d'un centre de référence pour les troubles du langage situé dans le CHU de leur ville. Cela va prendre du temps (on leur a parlé de plus d'un an d'attente), mais le jeu en vaut la chandelle. On aura un bilan complet, détaillé. Grâce à un jeu de désistements, Clémence est reçue un peu plus tôt que prévu (au bout de neuf mois), et la batterie des tests est réalisée par divers intervenants. Le diagnostic s'avère un peu plus subtil que prévu. Du point de vue instrumental, la lecture est en bonne voie, et on ne peut parler à proprement dire d'un trouble spécifique du langage écrit. Par contre, Clémence accède difficilement au sens. Cette difficulté fait en réalité écho à un trouble plus général du langage oral. Le vocabulaire de l'enfant est étroit.

Elle a du mal à construire des phrases complexes. Elle peine à trouver ses mots. De plus, sa mémoire de travail est fragile. Il lui est difficile de garder des éléments en tête dans le but de travailler dessus. De ce fait, Clémence a du mal à interpréter des énoncés longs ou complexes ou à tirer des informations utiles de ce qu'on lui dit. Bref, il s'agit plutôt d'un trouble du langage oral. Si l'enfant ne comprend pas ce qu'elle lit, c'est que, comme à l'oral, elle a des difficultés à interpréter finement les énoncés. Les signes sont discrets, mais anciens, avec un retard de langage dans la petite enfance. On a pensé au bilinguisme, car le papa parle couramment français et espagnol et s'amusait à parler cette langue avec sa petite fille bébé. On lui a dit que s'il lui parlait systématiquement l'espagnol, l'enfant n'aurait pas de difficulté. Mais les premiers mots ont été en français, et l'enfant n'a jamais vraiment appris cette seconde langue. Ses grands-parents préfèrent désormais lui parler uniquement en français, et le papa a lui aussi rapidement abandonné. En définitive, Clémence reste encore assez inhibée dans sa langue maternelle, et cela la pénalise dans la plupart des tâches proposées à l'école. La chance, c'est que la lecture, même si cela a paru un peu plus laborieux que pour les autres enfants, est plutôt bien préservée, et que cela sera un bon point d'appui pour Clémence dans la suite de sa scolarité.

Il ressort de ces cas d'espèce que la cognition humaine est complexe, avec des signes ambigus et trompeurs. Un trouble exécutif peut se cacher sous un trouble praxique, un trouble du langage oral peut très bien coexister avec un authentique trouble de l'attention, un trouble de la mémoire peut donner un sens à toute une myriade de signes épars.

Il paraît donc important, si les symptômes résistent et que les premières prises en charge sont décevantes, de réaliser un bilan neuropsychologique complet détaillé, évaluant l'ensemble des dimensions intellectuelles et cognitives de l'enfant. On mettra ainsi en perspective les aptitudes de l'enfant et ses éventuelles fragilités. On évitera aussi le temps perdu dans des prises en charge peu appropriées.

Il sera alors possible d'apporter un éclairage très précieux aux parents et aux enseignants sur les voies de compensation à suivre pour aider l'enfant au mieux. Un bilan bien mené pourra ainsi devenir une véritable feuille de route pour l'enseignant, lui permettant de ne pas se perdre dans des hypothèses peu opérationnelles et de proposer les aménagements les plus pertinents. Il verra ainsi le plus souvent son élève prendre toute son ampleur.

À retenir

- La complexité du fonctionnement cérébral invite parents et enseignants à interpréter avec prudence les signes qu'ils constatent chez un enfant en difficulté.
- Un avis spécialisé peut être nécessaire pour démêler les différentes hypothèses et diagnostics possibles.
- Un diagnostic précis permettra la mise en place de prises en charge ciblées et pertinentes.

3

COMPRENDRE

Une tâche apparemment simple qui s'avère complexe

Très peu d'activités auxquelles nous sommes confrontés sont des tâches « pures ». Elles nous demandent la participation de plusieurs fonctions cognitives. Cela est d'autant plus vrai pour les enfants en situation d'apprentissage scolaire.

Prenons un exemple : en grande section de maternelle, Claire, l'enseignante prévoit un petit travail autour de la reconnaissance des lettres. Elle a préparé une grande feuille sur laquelle elle a tracé des A, des E et des O majuscules, mélangés avec des petits dessins sans signification, et à court d'imagination, a mêlé quelques chiffres. Pour que cela soit plus ludique, elle a figuré en fond une sorte de jungle, et les symboles sont accrochés, suspendus et se balancent aux branches des arbres. Les couleurs sont variées, chatoyantes. C'est joli, appétissant, et cela devrait stimuler les enfants, leur donner envie. Pour finir, en bas à droite, elle a collé la silhouette d'un petit singe armé d'un stylo. La consigne que Claire énonce aux élèves à haute voix est : « Le petit singe n'aime que les lettres, entourez-les toutes. Barrez les autres symboles ! » Les enfants sont enthousiastes, la classe bruisse d'excitation. La tâche est un succès !

Cependant, à y regarder de plus près, voilà une tâche bien complexe qui demande la coordination de nombreuses compétences : l'enfant doit d'abord explorer l'ensemble de la surface de la page. Il doit focaliser son attention sur les cibles, sans se laisser distraire par les éléments non pertinents. Il doit reconnaître les symboles lettres et laisser les autres de côté. Il doit manier son crayon et entourer autant que faire se peut les cibles.

Du point de vue cognitif, la tâche est multiple. Elle convoque de manière simultanée ou séquentielle de nombreuses compétences :

– Focaliser son attention : l'enfant doit avoir bien focalisé son attention auditivo-verbale sur les paroles pertinentes de Claire – non pas ce qu'elle a dit juste avant à Romain pour qu'il range son cahier ou à

Cécile qui lui demandait si c'était bientôt l'heure de la récréation. Maxence, qui est un peu tête en l'air, a bien entendu qu'on ne sortait pas maintenant, mais il n'a pas complètement tenu compte de la consigne de l'exercice.

– Comprendre la consigne à l'oral, ce qui nécessite une bonne compréhension morphosyntaxique. D'autant que la consigne, sans être très longue, est à tiroirs. Il y a trois énoncés en un : une information de contexte, assez éloignée de la tâche (« Le petit singe n'aime que les lettres »), qui vise à susciter l'intérêt et le plaisir ; c'est aussi une donnée à mettre de côté, elle ne sert pas directement à la réussite de la tâche. Mais cela est implicite. À l'enfant de le comprendre lui-même. Louis, qui parle bien, reste souvent au sens premier de ce qu'on lui dit, et a parfois du mal à lever cette ambiguïté-là. Cette partie de la consigne a aussi pour défaut de focaliser l'attention visuelle sur un élément non pertinent, d'autant que Charlotte, qui porte des lunettes, en est encore à chercher le singe dans la page, tandis que l'enseignante poursuit sa consigne ; la consigne elle-même n'intervient qu'après l'information de contexte, et elle est séparée en deux énoncés : le premier comportant une anaphore que l'enfant doit décoder (« Entourez-*les* toutes ») et l'autre complémentaire du premier (« Barrez les autres ! »).

– Maîtriser un certain vocabulaire : on doit entourer les lettres, mais on doit aussi barrer… « Euh… C'est quoi un symbole ? » Voilà un mot qu'on a entendu plusieurs fois, mais Louis ne sait plus ce que c'est. « Je vous l'ai déjà dit, et pas plus tard qu'hier », rétorque l'enseignante. Il y a donc un vocabulaire nouveau ou un mot plus rare dont on doit retrouver le sens.

– Solliciter la mémoire de travail, car l'élève doit maintenir les deux énoncés actifs en tête, dans le but de réaliser la tâche. Pour Marguerite, qui a n'a que 4 ans et demi, c'est un peu lourd. Elle a barré ce qui n'est pas une lettre (c'est ce qu'elle a retenu, puisque c'était en dernier), mais la première partie de la consigne est perdue. Et au fait, faut-il barrer les lettres ou les entourer ?

– Enfin, faire ce qui est demandé. Les enfants doivent explorer tout l'espace de la feuille. Cela demande au moins deux compétences : il faut 1) que les mouvements des yeux soient bien précis et que les saccades oculaires soient bien organisées ; 2) que la stratégie d'exploration soit efficace, sinon le regard va sillonner l'espace dans tous les sens, de manière anarchique voire épuisante, et l'enfant risque alors de repasser plusieurs fois sur les mêmes items, et en omettre d'autres. Il peut aussi passer sur des cibles sans les voir.

– Tout cela doit être guidé par une bonne stratégie globale de recherche, mettant en œuvre les fonctions exécutives, ces fonctions cérébrales qui permettent d'organiser notre action (le pilote). Cette stratégie visera à rechercher les cibles tout en délaissant les distracteurs, ce qui mobilise l'attention focalisée, et en inhibant sélectivement l'envie, dans son élan, de tout entourer ou de tout barrer ! D'ailleurs, Jean s'est rapidement perdu en route. Il a commencé par colorier le petit singe, a pris son feutre rouge pour sauter de branche en branche, jonchant sa page de traces qui ont bavé, et s'il a bien entouré quelques lettres, il en a finalement barré beaucoup d'autres. Le résultat est assez explosif !

Mais au fait, quel était l'objectif ? Ah oui, reconnaître les lettres ! Cela demande des compétences gnosiques, c'est-à-dire reconnaître les lettres en tant que lettres. Malencontreusement, la lettre O ressemble terriblement au chiffre 0, et on aurait peut-être dû éviter de mélanger lettres et chiffres, pour ne pas laisser la porte ouverte à ce type d'ambiguïté… Il faut aussi entourer les lettres, ce qui demande une bonne maîtrise de la prise du stylo et la capacité de dessiner un cercle correctement. Une bonne expertise praxique est déjà nécessaire.

Heureusement, pour presque toute la classe, la tâche a été un vrai plaisir. Les enfants se sont appliqués à bien entourer les lettres, et à barrer les autres signes. Louise, qui avait encore du temps, a colorié le soleil et les feuilles de bananier. Jérôme, lui, s'est amusé à repasser les lettres qui ressortent bien dans la page. C'est très bien !

De nombreux pièges cognitifs

Pour quelques enfants de la classe, le résultat de l'exercice décrit précédemment est beaucoup plus décevant…

Maxence a lambiné, la tête dans les nuages, et quand on a entendu la cloche de la récréation, il était loin d'avoir terminé. C'est toujours pareil avec lui : même si l'enfant semble présent en classe, le temps réel passé à réaliser ce qui est demandé est faible. Du reste, c'est comme à la maison : on passe beaucoup de temps sur les devoirs, mais le rendement est limité. Certains spécialistes ont pu parler chez Maxence d'un trouble de l'attention.

Louis n'a pas tout compris, il hésite sur ce qu'il faut faire. Il y a des mots nouveaux pour lui. Il a bien interrogé l'enseignante : « Ça veut dire quoi "Arrer" ? » Les petits troubles de la discrimination phonologique lui ont fait confondre « barrer » avec « arrer », qui ne veut rien dire… La maîtresse était trop occupée pour répondre à sa question, mais

Louis a compris en jetant un coup d'œil sur ce que Jeanne faisait juste à côté de lui. Il a fini par bien interpréter en fonction de ce que sa voisine avait réalisé.

Charlotte, elle, a souvent mal aux yeux. Ses parents l'ont amenée plusieurs fois chez l'ophtalmologiste qui a détecté un petit défaut de réfraction sans gravité. Celui-ci a équipé l'enfant de lunettes, mais, capricieuse, Charlotte a tendance à regarder constamment par-dessus sa monture. Elle les oublie souvent, et l'enseignante la reprend à maintes reprises : « Tes lunettes, c'est sur ton nez qu'elles doivent être, pas dans ta trousse ! » Cependant, l'enfant continue à coller son nez sur la feuille, se tord dans tous les sens pour trouver un angle plus confortable pour travailler. Devant cette grande feuille, l'enfant soupire : il y a tellement de choses dessinées, elle ne sait pas comment s'y prendre. Le travail va être long et laborieux. Toutes les cibles n'ont pas été repérées. Pourtant, l'enfant a pensé avoir fait bien attention.

Ce n'est pas que cette tâche soit fondamentalement difficile pour ces enfants. Maxence, Louis, Charlotte connaissent tous bien leur alphabet. Non seulement ils reconnaissent les lettres, mais en plus ils savent pour la plupart les transcrire, et pas seulement celles de leur prénom. Ce qui gêne ces enfants, c'est l'intrication des exigences de la tâche, qui met en œuvre chez eux des mécanismes qui sont fragiles et les gêne pour la réussir pleinement.

Dans toutes les tâches qu'il propose, l'enseignant doit s'interroger : « Quel est mon objectif ? » Bien entendu, tous les enseignants sont formés à réfléchir dans ce sens, et objectif sous-entend alors « pédagogique ». C'est-à-dire qu'il doit définir l'objectif de la leçon. Est-ce une leçon d'histoire ? Il définira alors l'objectif de la façon suivante : « Maîtriser les dates clés du règne de Napoléon. » S'il s'agit d'une leçon de mathématiques, il pourra s'agir par exemple de connaître et appliquer le théorème de Pythagore.

Dans l'exemple que nous avons décrit plus haut, l'objectif ne se résume pas uniquement au projet pédagogique. L'institutrice de Maxence, Louis et Charlotte doit rester vigilante à une autre dimension de l'exercice : son objectif cognitif.

Le traitement de l'information

Depuis l'avènement des sciences cognitives, qui plongent leurs racines dans les recherches en cybernétique et en intelligence artificielle, les scientifiques pensent que le cerveau est un organe du traitement de l'information. Un modèle simple revient à dire : « L'enfant reçoit de l'information ; le système nerveux la traite ; l'enfant prépare et donne sa réponse. »

Qu'est-ce, au juste, qu'une information ? Ce sont les données que notre cerveau va prendre en compte, traiter, transformer, etc. Depuis les travaux des prix Nobel Hubel et Wiesel, on sait que lorsqu'on voit quelque chose, le cerveau reconstruit l'image à partir des ondes électromagnétiques qui frappent la rétine, sont transformées, analysées par diverses aires cérébrales en fonction de leur nature, ce qui porte à notre connaissance un flux d'images. Si on entend quelque chose, les ondes acoustiques sont reçues et transformées par la cochlée, puis l'influx nerveux est traité par des relais sous-corticaux et corticaux. Les émotions sont une information qui nous mettent en garde, nous séduisent, nous arrêtent, nous font agir.

Bref, nous sommes plongés dans un bain d'informations, certaines discrètes et implicites, d'autres plus saillantes, mais que notre cerveau métabolise ou écarte si elles sont non pertinentes. Lors d'une situation nouvelle, ce traitement de l'information est souvent conscient et contrôlé. Mais quand le traitement de l'information est habituel et automatisé, cela devient la plupart du temps non conscient. Ce n'est d'ailleurs pas seulement le cas des traitements cognitifs : est-on conscient du processus de digestion qui occupe notre estomac, ou des mécanismes sous-tendant les battements de notre cœur, ou de la féroce bataille que livre en permanence, et le plus souvent silencieusement, notre système immunitaire ?

Objectif pédagogique et objectif cognitif

Au-delà du choix de l'objectif pédagogique lui-même, l'enseignant doit porter un intérêt aussi soigneux au traitement de l'information que doit réaliser son élève. À son objectif pédagogique doit s'ajouter un objectif cognitif. Si, dans notre exemple, l'objectif pédagogique pourrait être résumé ainsi : « Discriminer trois voyelles parmi d'autres symboles », l'objectif cognitif tel qu'il ressort du matériel proposé est lui plus difficile à définir. Serait-ce explorer visuellement une grande feuille ? Focaliser son attention et reconnaître des cibles parmi des distracteurs ? Est-ce entraîner l'enfant jeune à inhiber sa propension à jouer et dessiner, dans le but de faire un travail autour des lettres ? Est-ce rechercher et entourer, d'un rond reconnaissable, les éléments pertinents ?

Probablement aucun enseignant ne reconnaîtrait parmi ces objectifs cognitifs une réelle valeur pédagogique utile à la maîtrise de la notion abordée.

Essayons ici de reconstruire une tâche remplissant l'objectif pédagogique en minimisant les contraintes cognitives. Bien entendu, il n'existe pas de solution unique, et de multiples propositions peuvent être faites. Tout d'abord, on s'accordera à dire qu'il s'agit ici de travailler certains prérequis de la lecture. On doit avant tout s'assurer que l'enfant est capable de reconnaître des lettres en tant que lettres, et de les discriminer parmi des symboles qui n'en sont pas. L'enfant doit donner un sens particulier au stimulus visuel A ou E. Ces lettres ne sont pas des signes ou des dessins quelconques. Les 26 lettres de l'alphabet forment un groupe restreint d'unités visuelles qui comportent une valeur sémantique. Depuis les travaux de Stanislas Dehaene, on sait que ces signes seront traités à part et viendront spécialiser une aire du cerveau (la Visual Word Form Area, située dans une zone particulière du cerveau, la partie « ventrale » du lobe temporal du cerveau) qui les traitera bientôt de manière tout à fait singulière.

Qui dit lecture, dit traditionnellement organisation linéaire, avec balayage du regard de l'enfant de gauche à droite. C'est tout à fait conventionnel (d'autres langues, comme l'arabe, ont choisi le sens opposé, voire un arrangement vertical, comme le japonais). C'est conventionnel, mais c'est ainsi ! On rétorquera que cela paraîtra moins ludique à l'enfant, moins séduisant, et donc moins motivant de présenter des caractères sur une ligne horizontale. Cependant, il s'agit bien de la disposition la plus écologique, c'est-à-dire la plus proche d'une tâche de lecture réelle, celle à laquelle l'enfant va être très rapidement et systématiquement confronté. L'écolier verra quelques situations exotiques (un mot croisé, un cartouche, une publicité, une enseigne lumineuse présentée autrement…), mais la lecture se fera essentiellement sous forme de phrases organisées en lignes. Restons donc proche de cette présentation. Une présentation éparpillée sur une grande feuille comme celle suggérée plus haut par l'enseignante modifie de manière fondamentale la tâche demandée. Elle va obliger l'enfant à explorer la page dans tous les sens. Cela demande un contrôle exécutif dont il est certainement capable, mais qui va justement modifier l'objectif cognitif de la tâche. On ne cherche pas ici à travailler sur les stratégies d'exploration ou d'inhibition sélective, mais sur une tâche de discrimination bien particulière.

Et puis, l'arbre, le petit singe, tout cela est très bien pensé, astucieux, et probablement alléchant.

Mais que de distracteurs ! Pour un enfant qui a du mal à se focaliser sur l'essentiel (ou ce sur quoi on cherche à le centrer), il va lui falloir renoncer sélectivement à s'intéresser à cet animal amusant, mais qui n'est pas le but de la tâche. C'est ce que Jean a beaucoup de mal à faire.

Encore un mot : on demande à l'enfant d'entourer les lettres. Un enfant dyspraxique a du mal à réaliser des cercles corrects. Il a beau faire, ses ronds sont cabossés, irréguliers. Il se concentre, s'efforce de faire au mieux, mais l'aspect est décevant. Dans ce travail, il finit par s'inquiéter beaucoup plus de cette partie de la tâche que de celle consistant à reconnaître les lettres éparpillées. Il est dévié de l'objectif principal, du fait d'un objectif intermédiaire et purement instrumental (on n'est pas en géométrie ou en dessin : faire un rond propre n'est pas le but).

Enfin, à quoi bon demander de faire deux choses ? Entourer les bonnes réponses, barrer les autres ? C'est superfétatoire et finalement deux fois la même chose. Cela surcharge la mémoire de travail, sans apporter aucun bénéfice pédagogique.

Alors reprenons. Nous souhaitons faire reconnaître des caractères de l'écriture à l'enfant. Proposons-lui les signes répartis régulièrement sur des lignes horizontales, comme il lui sera proposé moins d'un an plus tard au cours de l'apprentissage de la lecture. Il faut que les caractères soient bien contrastés. Pas besoin de choisir une page de grande taille. Une page A4 suffira. Avec cette présentation, on réduit la dimension oculomotrice, attentionnelle et exécutive. On reste dans un cadre plus proche de la réalisation habituelle d'une tâche de lecture. Ce qu'on perd du point de vue « artistique », on le gagne du point de vue de l'intérêt pédagogique et du « coût cognitif ».

Notons que, si un des enfants présente des difficultés, une présentation matérielle au plus proche de l'objectif pédagogique permettra éventuellement à l'enseignant de diagnostiquer la source des erreurs. Charlotte a plutôt fait un bon travail, mais elle a sauté plusieurs cibles. Cela pourrait faire penser à une fragilité attentionnelle, comme pour Maxence. Mais elle a aussi sauté toute une ligne. C'est déjà plus troublant et plus révélateur d'un trouble du regard.

Maxence, comme d'habitude, n'a pas terminé l'exercice. Le début est bien réussi, puis les erreurs s'accumulent. Peu d'éléments sont traités, et l'enseignante a pu souvent l'observer en train de bayer aux corneilles.

L'interprétation des difficultés de Louis est délicate. Il semble ne pas avoir bien compris les consignes. S'agit-il d'un trouble du langage et si oui lequel ? Ou bien d'un trouble de l'attention ? Ou encore d'un trouble de la pragmatique du langage, c'est-à-dire de la compréhension des consignes dans leur contexte ? Un bilan du langage sera nécessaire pour clarifier la situation.

Distinguer la dimension instrumentale de la tâche et la part réellement attendue du point de vue des apprentissages, c'est effectuer un travail de clarification cognitive de l'activité à réaliser. L'enseignant doit chercher à rapprocher, autant que faire se peut, l'objectif pédagogique de l'objectif cognitif. Bien sûr, on ne pourra pas donner accès à un apprentissage sans passer par une présentation matérielle. C'est pourtant bien ce qu'on doit chercher à analyser et comprendre : quelle est la part visuelle, oculomotrice, auditive, langagière, motrice, praxique, attentionnelle et exécutive de la tâche proposée ? Il faut maximiser la dimension la plus pertinente de l'information en minimisant ce qui joue un rôle annexe, voire perturbant, très loin de l'objectif principal.

Gardons bien à l'esprit que l'enfant, qu'il présente ou non un trouble des apprentissages, peut généralement réaliser avec plus ou moins d'aisance chacune de ces tâches lorsqu'elles sont proposées de manière indépendante. Ce qui le plus souvent gêne l'enfant en difficulté, c'est d'être aux prises avec des tâches multiples qui saturent ses capacités.

Les doubles tâches et les tâches multiples

En effet, les capacités attentionnelles de tout un chacun sont limitées. On ne peut faire un nombre infini de choses à la fois. Rapidement, les traitements nouveaux, sophistiqués, ceux qui ne sont pas encore automatisés vont saturer nos capacités d'attention.

Une expérience classique dans ce domaine est le fameux *cocktail syndrome*. Lorsque vous vous trouvez dans une soirée avec des amis, des petits groupes se forment, on trinque, on bavarde, on échange, on rit… Vous êtes bien impliqué dans la conversation, quand soudain, vous captez derrière vous une discussion qui se noue. On y parle un peu fort, c'est ce qui a attiré votre attention. Et le sujet vous intéresse ! Vous êtes curieux, mais votre interlocutrice, juste en face de vous, poursuit son histoire. Vous êtes pris entre deux feux : vous ne pouvez interrompre la conversation dans laquelle vous êtes impliqué à moins de vous montrer impoli. Vous n'arrivez pas à faire totalement abstraction de la conversation derrière vous qui vous intéresse. Pourtant vous vous rendez bien compte que vous ne pouvez écouter les deux conversations en même temps. Le canal attentionnel auditivo-verbal est saturé. Alors vous regardez fixement votre interlocutrice en opinant régulièrement du chef, mais sans rien comprendre de ce qu'elle vous dit, au risque qu'elle vous relance sans crier gare, alors que vous ne savez plus du tout où elle en est, et ce qu'il convient de répondre. Ou bien vous quittez avec un grand effort et à regret la conversation qui se développe derrière vous, et à laquelle il vous démange de participer. Le *cocktail syndrome* est la parfaite illustration du phénomène de saturation des doubles tâches : on est rapidement débordé par des tâches simultanées concurrentes.

Heureusement, cet embouteillage ne se produit pas tout le temps. Nous nous trouvons débordés seulement lorsque les tâches sous-jacentes ne sont pas implicites, automatisées. C'est pourquoi notre cerveau cherche le plus possible à automatiser les tâches, qui sont alors réalisées de manière beaucoup plus fiable. Par exemple, si je m'entraîne au tennis et que mon coup droit est maladroit, peu efficace, mal calibré, je vais essayer de penser à ce que le professeur m'a enseigné. Je m'appuie sur ses mots, je cherche à tenir compte de tous ses conseils. C'est lourd et difficilement possible à tous les coups, surtout dans le feu de l'action. Si je suis face à lui, concentré et seul, et qu'il m'envoie des balles faciles, je m'en sors à peu près. En revanche, dès que je joue un match avec un ami, tout coordonner en même temps devient difficile. Et pourtant, après un entraînement intensif, je parviens à intégrer graduellement les lois complexes du coup droit que j'arrive à automatiser. Je peux le déclencher à volonté, sans réfléchir et le résultat est somme toute satisfaisant : au moins, je parviens à renvoyer la balle de l'autre côté du filet.

L'enfant en difficulté est constamment en double tâche

C'est cette automatisation que l'enfant présentant des *troubles d'apprentissage* ne parvient pas à atteindre. Chez l'enfant dyslexique, la lecture va rester lente, laborieuse. Il va continuer à mobiliser explicitement certaines règles de conversion grapho-phonologique. Il reste encore au niveau instrumental de sa lecture, c'est-à-dire celui des mécanismes de base. Ce travail, lourd et coûteux du point de vue cognitif, va occuper toutes les capacités attentionnelles de l'enfant, ce qui laissera très peu de place à la compréhension du contenu.

Aussi, lorsque l'enfant est confronté à la lecture d'un texte non plus dans un simple but d'entraînement instrumental, mais dans l'objectif de répondre à des questions, de résoudre un problème, d'effectuer une synthèse ou une analyse personnelle, ses capacités attentionnelles seront-elles débordées. Soit l'enfant s'attelle à une lecture précise du texte, ce qui va l'empêcher de réfléchir et mobiliser ses idées. Le temps nécessaire à la tâche s'allonge. L'enfant ne parvient pas à terminer dans le délai imparti et ses réponses sont incomplètes. Soit il abandonne l'ambition de tout lire correctement pour s'autoriser simultanément à accéder au sens et anticiper la réponse aux questions (cela se passe implicitement le plus souvent, car l'enfant se dit rarement : « Je vais faire exprès de mal lire ! »). Il laisse alors la porte ouverte aux contresens. Il travaille par approximations, raccourcis, ce qui peut fonctionner dans un certain nombre de cas, mais s'avère souvent dangereux…

Il en est de même de l'enfant ayant des *troubles de l'écriture*. En effet, si former ses lettres, les tracer de manière fluide et lisible est une tâche difficile, coûteuse, l'enfant qui doit donner ses réponses à l'écrit est rapidement pénalisé. Il doit trouver un point d'équilibre permanent entre l'attention qu'il va porter à la lisibilité et celle qu'il va mobiliser pour donner des réponses pertinentes.

Les enjeux de cette économie cognitive sont frappants selon le degré d'exigence dans des tâches nécessitant un effort d'écriture. Lorsqu'on lui demande de recopier ce qu'il voit, l'enfant dysgraphique va prendre peut-être un peu plus de temps que ses camarades n'ayant pas ce type de difficulté. Le tracé va être à peu près lisible. L'enfant peut néanmoins sauter des mots ou ne pas respecter l'orthographe. Ces omissions ou erreurs ne sont probablement pas dues à un problème fondamental d'attention ou d'orthographe, mais au poids du coût attentionnel de l'acte d'écrire.

Si on passe à une dictée, dans laquelle le but de la tâche est de mettre en évidence ses compétences en orthographe, on note rapidement une dégradation de la qualité de l'écriture. L'enfant doit à la fois se focaliser sur une tâche complexe : récupérer l'orthographe d'usage des mots et appliquer les règles d'orthographe grammaticale. Mais il faut aussi rester vigilant quant à la qualité de l'écriture. Il se trouve donc rapidement en situation de double tâche : écrire non pas pour écrire, mais pour réaliser correctement une tâche d'un niveau supérieur, en l'occurrence une tâche d'orthographe. L'enfant ne doit donc plus uniquement s'attacher à être lisible. Il doit aussi mobiliser des compétences d'un autre ordre (et d'un niveau cognitif plus élevé).

Encore un exemple de tâche complexe

Que dire de l'expression écrite ! C'est l'archétype de la tâche complexe, exigeant de convoquer simultanément et successivement de nombreuses compétences élaborées. Il s'agit d'abord de mobiliser ses idées, puis de les mettre en mots. Il faut ensuite les coucher sur le papier. L'enfant, qui doit rester lisible, doit simultanément convoquer l'orthographe d'usage des mots utilisés et l'orthographe grammaticale en fonction de la structure de la phrase. Il doit de plus s'assurer, au fur et à mesure de la rédaction, que la syntaxe des phrases est correcte. Enfin, à mesure qu'il construit sa composition, l'enfant doit anticiper la structure du paragraphe et celle du texte tout entier ! Il s'agit donc d'une tâche complexe qui mobilise de très nombreux savoirs et savoir-faire. Or, si une des étapes n'est pas suffisamment automatisée, l'ensemble de la procédure est compromis, car l'enfant aura du mal à coordonner, au sein d'un espace attentionnel limité, les différents traitements nécessaires.

Essayons d'extraire les diverses dimensions de cette tâche, afin de considérer à quelle(s) étape(s) l'enfant présentant des troubles des apprentissages pourrait être gêné, voire se trouver en échec :

– Mobiliser ses idées : tout enseignant sait qu'il s'agit d'une étape complexe pour tous les enfants. Beaucoup ont du mal à initier une recherche dans leurs connaissances, à amorcer une analyse du sujet, à développer leur pensée. Pour l'enfant « dys », cette étape n'est pas *a priori* plus difficile que pour un autre. Il pourra néanmoins s'épuiser plus rapidement devant les difficultés instrumentales déjà traversées ou à venir.

– Mettre ses idées en mots : en effet, pensée et langage sont dissociés. Prenons l'exemple de l'enfant dysphasique, c'est-à-dire présentant un trouble du langage oral : il est généralement tout à fait à l'aise lors de la résolution de tâches complexes d'abstraction et de raisonnement. Sa pensée conceptuelle et logique est donc totalement préservée. Cependant, il peut être très en panne lorsqu'il s'agit de manipuler explicitement des concepts verbaux subtils. Tant que le matériel à manipuler est en première intention non verbal (des images par exemple), il réussira comme les autres enfants de son âge. Pour l'enfant présentant des troubles du langage oral, ce ne sont pas les idées en elles-mêmes qui sont difficiles à mobiliser, mais leur formulation. L'étape décisive de mise en mots peut être alors extrêmement coûteuse. En effet, il peut être très gêné pour trouver les mots pour exprimer ce qu'il souhaite dire : c'est ce qu'on appelle un manque du mot. La recherche des « mots pour le dire » est laborieuse, inefficace. Il ne trouve pas le bon vocable, ou fait des confusions phonologiques (par exemple « captus » pour « cactus ») dont il peut parfois se rendre compte, mais pas toujours. S'il s'en rend compte, il piétine, « entend » bien qu'il ne s'agit pas du bon mot. Il est alors tenté de le dire autrement, au moyen d'une circonlocution, d'une périphrase alambiquée qui va le pénaliser. La grande difficulté de l'enfant dysphasique est d'être en quelque sorte étranger à sa propre langue. Chacun l'a expérimenté, adulte, lors de l'apprentissage d'une langue étrangère : pertinent dans sa langue maternelle, on a nettement plus de mal à mobiliser des idées intéressantes dans une langue étrangère (sauf éventuellement dans notre domaine d'expertise pour lequel le stock de mots nécessaires est connu et aisément accessible, car utilisé tout le temps). De ce fait, bavarder pour le plaisir de la conversation est laborieux, la mémoire est limitée. Bref, on n'est pas vraiment « soi-même », avant d'avoir un certain niveau de fluidité et d'aisance, de telle sorte que la mise en mots de la pensée puisse être immédiate, sans passage par notre langue maternelle et sans nécessité d'une traduction intermédiaire. On ressent bien qu'à ce moment-là les idées sont disponibles, mais pas les mots. C'est exactement ce que ressent l'enfant dysphasique.

– Coucher ses idées sur le papier : en effet, pour donner à voir ses idées, il va falloir utiliser l'écriture. L'écriture est comme on l'a dit précédemment une praxie, un geste complexe, initialement difficile à réaliser pour tous les enfants en apprentissage. Cependant, peu à peu, à force d'entraînement, le geste se fluidifie. Initialement totalement contrôlé, nécessitant une attention et un investissement cognitif total et exclusif, l'enfant va pouvoir graduellement automatiser son geste. Il pourra ainsi le déclencher à volonté, en tant que de besoin. Après une certaine pratique, le geste est tellement libre, qu'on pourrait même noter sur un bout de papier des informations sans même regarder sa feuille. Le contrôle visuel n'est alors plus nécessaire. Pour l'enfant dyspraxique ou dysgraphique pour lequel le geste en général, ou celui de l'écriture en particulier, est difficile, maladroit, avec une grande difficulté d'automatisation, d'internalisation, cette étape de l'expression écrite va être celle de tous les dangers : soit il prend garde à la qualité et à la lisibilité de la trace et va focaliser son attention sur cette part de la tâche ; soit il décide de laisser libre cours à ses idées, alors le relâchement de la qualité de l'écriture risque d'être élevé, et même si les idées sont bonnes, l'enseignant aura le plus grand mal à y accéder. On remarque alors parfois que même le respect des conventions de l'écrit (majuscules, ponctuation, etc.) est difficile à assurer. Cette étape est trop coûteuse et l'enfant a besoin d'un contrôle exorbitant pour tout faire en même temps. Il est démontré que la qualité du contenu est directement liée à la qualité de l'écriture. Et pour cause : pour pouvoir livrer ses idées à l'écrit, on doit être libéré de l'essentiel des tâches ancillaires, et en particulier motrices et praxiques qui sont à la racine de l'écriture.

– Faire attention à l'orthographe d'usage pendant qu'on écrit : pour le lecteur, une bonne orthographe est un gage d'accès rapide au sens. Les marqueurs orthographiques sont des marqueurs sémantiques, permettant de lever certaines ambiguïtés entre homophones : du et dû, toi et toit, sûr et sur, ou et où, manger ou mangé, etc. Sans ces marqueurs, on est très vite gêné en tant que lecteur par des problèmes d'anticipation du sens. Un mot mal orthographié, et c'est le risque (presque certain) de fausses routes, ce qui entraîne le besoin de ralentir sa lecture, pour lever les ambiguïtés et les erreurs. On sait qu'un enseignant a souvent d'épaisses piles de copies à corriger. Prendre une copie criblée de fautes d'orthographe est frustrant, voire exaspérant. Il va falloir prendre du temps, se donner un mal supplémentaire pour comprendre ce qui est écrit. Même si les idées sont bonnes, l'enseignant se trouve lui-même à son tour en double tâche et son impression implicite ou explicite est que quelque chose est bancal dans cette copie, et elle en sera probablement pénalisée. Difficile de passer outre et de faire comme si le travail rendu était propre et aisément accessible, l'impression générale est négative. La dysorthographie est une notion relativement banalisée. Pourtant, tout comme la dyscalculie pour les nombres, il ne s'agit pas simplement d'être « nul en orthographe ». En effet, ce trouble résistant consiste en une difficulté à stabiliser la représentation orthographique conventionnelle des mots (Bonin *et al.*, 2008). Chaque fois qu'on retrouve le mot, il faut reconstruire sa structure orthographique, à partir des phonèmes ou des morphèmes qu'on entend. Aussi peut-on parler de dysorthographie quand l'enfant (et parfois l'adulte) a du mal à segmenter les mots, quand la transcription est instable, aléatoire. Lors d'un travail d'expression écrite, cette étape peut être un vrai frein à la rédaction. Si (par stratégie ou implicitement), l'élève donne la préférence au contenu sur la forme et ne focalise plus son attention sur cette étape, la copie devient illisible et sera pénalisée.

On n'oubliera pas de plus que, pour un enfant dyslexique, le lien entre phonème et graphème est parfois difficile à établir. La transcription pourra alors se faire lettre à lettre, de manière très laborieuse, interminable.

– Faire attention à l'orthographe grammaticale : au fur et à mesure qu'on écrit, on s'interroge sur la forme grammaticale employée. Par exemple, s'il s'agit d'un groupe nominal féminin, on accordera l'adjectif en genre. Si le sujet est au pluriel, il faudra bien penser à accorder le verbe, en mobilisant les terminaisons adéquates et en inhibant la tentation de mettre des « s » comme pour les noms et adjectifs. On devra s'arrêter et appliquer consciemment certaines règles complexes comme celle de l'accord du participe passé quand l'auxiliaire est avoir. Tout ce travail, qui se fait de manière souterraine pour la plupart d'entre nous, ajoute un coût cognitif supplémentaire. L'enfant doit avoir mémorisé ces règles dans sa mémoire à long terme et être capable de les récupérer de manière pertinente au moment où il en a besoin. Bien sûr, cela doit se faire de manière simultanée aux autres tâches (mobiliser ses idées, les formuler, les écrire, etc.). Pour ce qui est des cas complexes, on sera obligé de s'interrompre pour les traiter. Encore faut-il les reconnaître au moment adéquat !

– Maîtriser la morphologie de la langue et la syntaxe : le langage est organisé selon un schéma temporel dit paradigmatique, qui permet de développer des énoncés en nombre infini. Chaque langue suit une grammaire contenant des universaux, mais aussi des éléments plus conventionnels : la place de l'adjectif par rapport au nom et celle du verbe dans la phrase. En anglais, l'adjectif est généralement placé avant le nom auquel il se rapporte. En français, c'est l'inverse… enfin, presque toujours ! On traduira *yellow submarine* par « le sous-marin jaune » plutôt que par « jaune sous-marin » ! Mais on dira aussi « la belle fleur », « la grande montagne », « la puissante voiture »… En français, le verbe est situé entre le groupe nominal et les compléments, tandis qu'en allemand, on attendra la fin de la phrase pour le connaître. Pour certains enfants dysphasiques, cette étape n'est pas automatisée. Ils doivent réfléchir et s'interroger quant à la forme à donner à leur pensée. Alors que pour la plupart des élèves, cette étape n'est pas plus difficile que de parler, pour ces enfants, il s'agit d'une gageure, d'un véritable défi. Ne négligeons pas au surplus que le niveau de langue de l'écrit n'est pas celui de la langue parlée. Il s'agira d'un élément de vigilance supplémentaire pour celui qui rédige.

– Structurer le paragraphe, le texte, etc. : rédiger un texte, c'est bien plus qu'écrire une phrase. Il faut anticiper le fil de ses idées, les organiser. Écrire n'est pas seulement parler sous une autre forme. Il existe aussi une rhétorique, des conventions dans la structure d'un texte qui permettront une meilleure intelligibilité pour celui qui lit. Par exemple, le lecteur pourra attendre une organisation classique selon un plan académique traditionnel : introduction, deux parties, deux sous-parties, conclusion avec ouverture. Quand on rédige un texte sur un sujet d'imagination, on a besoin de mobiliser des schémas narratifs intelligibles avec un début, un milieu et une fin. On communique à l'écrit sous une certaine forme, sous peine d'être perçu comme brouillon, désorganisé, voire incompréhensible.

Alors comment aider l'enfant « dys » lorsque les tâches deviennent trop complexes ? Comment éviter que ses capacités d'attention soient toutes mobilisées par une des étapes, celle qui lui coûte le plus, au détriment des autres ? Comment lever les obstacles qui l'empêchent de donner à voir tout son potentiel, du fait des fragilités instrumentales qui le pénalisent ? Car ce n'est pas que l'enfant présentant des troubles des apprentissages ne sait pas faire ce qui lui est demandé. C'est qu'une des étapes encombre, voire sature l'ensemble du processus.

À retenir

• Lorsqu'il propose une tâche, l'enseignant doit veiller à analyser son objectif pédagogique d'une part et son objectif cognitif d'autre part :

– que veut-on que l'enfant maîtrise à la fin de la leçon ?

– sous quelle forme est-il possible de le présenter ?

• Les doubles tâches et tâches multiples saturent nos capacités attentionnelles.

• Les enfants en difficultés n'ayant pas automatisé certains traitements (lire, écrire...) sont le plus souvent soumis à des tâches multiples : dissocier les tâches est donc fondamental pour eux.

4

CONTOURNER

Les enfants présentant des troubles des apprentissages (les enfants « dys ») sont des enfants intelligents et pertinents. S'ils échouent, ça n'est pas parce qu'ils ne savent pas faire. Bien sûr, comme tous les autres enfants, ils ont des matières préférées, des affinités avec certains sujets, et inversement une moins grande attirance pour d'autres. Ils excellent dans certains domaines, tandis qu'ils sont rebutés par d'autres. Toutefois leurs goûts sont souvent fortement modulés par les barrières que posent ces troubles instrumentaux qui les empêchent d'accéder aisément à certains contenus.

Puisque ça n'est pas le contenu de ce qu'on cherche à leur enseigner qui les gêne, la stratégie la plus efficace pour les aider est de leur proposer des voies de contournement. Il faut leur permettre d'apprendre en dépit de leur trouble de la lecture, du langage ou du geste.

Passer par la voie la plus efficace

Voici l'énoncé d'un exercice classique de conjugaison : « Recopier les phrases suivantes en conjuguant les verbes entre parenthèses à l'imparfait. » S'ensuivent dix phrases du type : « L'enfant, fatigué d'avoir couru, s'(être) allongé sur le talus et (observer) le ciel clair où (luire) les étoiles scintillantes. »

François, 11 ans, est déscolarisé depuis le début de la sixième en raison de ses difficultés d'apprentissage après un parcours douloureux et chaotique. Au cours de cet exercice, il s'emploie à recopier les phrases l'une après l'autre, et effectue tant bien que mal la tâche demandée. Une heure et demie a passé. L'enfant va et vient entre le texte de l'exercice et son cahier. Il a du mal à transcrire plus que quelques lettres à la fois, et à force il a mal à la tête. L'écriture est chaotique, le stylo est crispé entre ses doigts et il appuie tellement fort que le papier sur lequel il écrit en est gravé. Les retouches et les ratures sont nombreuses. L'aspect est tassé, les lettres se télescopent, les espaces entre les lignes sont irréguliers. Le tout est difficile à déchiffrer et le lecteur a du mal à retrouver les informations pertinentes dans la production de François. C'était à prévoir : François est dyspraxique et dysgraphique. Il n'est pas particulièrement passionné par la grammaire, mais, d'ordinaire, il fait ses exercices sans rechigner. La note est assez décevante. Non seulement François a fait plusieurs erreurs de recopie, il manque des lettres, mais il y a aussi des erreurs dans les terminaisons, en particulier dans les formes du pluriel.

François était évidemment en double tâche : lire et écrire les phrases tout en cherchant la forme correspondant à l'imparfait et sa transcription orthographique. Le temps d'écrire le groupe nominal sujet, de repérer le verbe à conjuguer et de décider à quoi il se rapporte, il a perdu une partie de l'information, son attention tendue vers une lisibilité approximative de ses phrases.

L'enseignant aurait dû analyser la tâche du point de vue de son but pédagogique et de sa mise en œuvre cognitive. Ici, pour François, le plus dur n'est pas de conjuguer ni même de chercher la forme orthographique de ce qu'on lui demande, mais de copier. C'est un goulet d'étranglement pour lui. Toute son énergie y passe.

Si on lui avait proposé l'exercice sous forme d'un texte à trous, il aurait simplement lu les phrases, aurait atteint les verbes entre parenthèses et effectué alors la tâche au fur et à mesure. On aurait recentré l'objectif cognitif en le rapprochant de l'objectif pédagogique, tout le travail consistant à se demander : à quel sujet se rapporte ce verbe ? Comment ce verbe se conjugue-t-il à l'imparfait ? À quelle personne dois-je le conjuguer, quelle est ma réponse, suis-je bien sûr de ma réponse ? Etc. C'est tout cela qui doit passer au premier plan. Il faut éviter les éléments qui peuvent distraire François de l'objectif et en particulier contourner ses difficultés en minimisant la quantité d'écriture à produire.

On peut même aller plus loin : si écrire est difficile pour François et qu'il bénéficie de l'appui d'un adulte, il peut même dicter à ce dernier sa réponse et épeler les mots attendus. Il s'appuiera alors uniquement sur son raisonnement grammatical et sur la représentation orthographique pertinente qu'il ira rechercher en mémoire à long terme : « Comment se conjugue le verbe aimer à l'imparfait à la première personne du singulier ? En repérant le radical [aim] et complétant avec la terminaison adéquate [-ais]. »

Cette approche aura le mérite de contourner la difficulté d'écriture. Attention toutefois : une partie de la tâche, si elle est effectuée à voix haute, va transférer le coût cognitif vers la mémoire de travail, c'est-à-dire la fonction permettant de maintenir des informations en tête dans le but de travailler dessus. Pour éviter cet obstacle, l'adulte s'arrêtera à chaque verbe, on répétera la phrase, spontanément ou à la demande. Ainsi, on allégera la charge cognitive associée.

Dans un travail d'adaptation des exercices proposés aux enfants dys, on restera vigilant quant aux ressources collatérales nécessaires. Il ne s'agit pas de remplacer une difficulté par une autre. Il faut alléger la tâche, de façon à libérer le plus de ressources attentionnelles possibles pour l'enfant.

L'inquiétude qui se fait jour chez les enseignants et les parents est alors souvent : « A-t-on simplifié la tâche pour l'enfant ? Est-ce équitable par rapport aux autres élèves ? Est-il évalué de manière juste, ou au rabais ? » Heureusement, cette question est facilement résolue quand on clarifie l'objectif pédagogique de la tâche : il s'agit, dans le processus d'adaptation, de conserver le cœur de la notion abordée, tout en limitant ou en évacuant les exigences cognitives annexes qui n'apportent rien à proprement parler au travail demandé, mais qui mettent l'enfant en difficulté. Dans notre exemple, on cherche à évaluer les capacités de l'enfant à conjuguer de manière pertinente à l'imparfait, et non à constater si son écriture est lisible !

L'enseignant « chercheur »

Dans le travail d'élucidation des modes d'adaptation d'un exercice ou d'une tâche pour l'enfant dys, l'enseignant ou le parent devrait se comporter comme un scientifique et s'interroger : « Que suis-je en train de chercher à mesurer ? » Cela lui permettrait de cibler aussi précisément que possible ce qu'il cherche à inculquer à l'enfant. L'enseignant pourra par la même occasion évacuer ce qu'on appelle dans une expérience scientifique les « variables confondantes ». Dans l'exercice auquel est confronté François, ce qu'on cherche à mesurer, c'est sa capacité à conjuguer à l'imparfait. Il ne s'agit pas d'évaluer ses capacités en mémoire de travail ni de juger de son écriture. Si l'exercice est raté, quelle peut en être la cause ? La longueur de l'énoncé ou de l'exercice, la formulation de la question, la complexité des verbes employés, la structure syntaxique des phrases, les prérequis de la tâche (savoir qu'on accorde le verbe avec le sujet auquel il se rapporte et connaître les terminaisons de l'imparfait) ? En tant qu'expert de l'enseignement, le maître devrait pouvoir disséquer et analyser chaque tâche proposée à ses élèves afin de viser au plus près la notion à acquérir, sans risque de confusion. Il devra réduire les tâches annexes qui pourraient perturber l'enfant, et qui ne sont pas au cœur du processus d'apprentissage attendu.

Il est vrai que, pour les parents comme pour les enseignants, les dimensions intriquées de chaque tâche ne sont pas aisément détectables. Pour l'adulte en particulier, sauf s'il a été lui-même un enfant dys et qu'il est sensible à la question des troubles des apprentissages pour l'avoir vécu lui-même, l'intégration des diverses dimensions n'est pas une source de difficulté, parfois même au contraire ! Chaque élément (langagier, graphique, visuel, praxique, etc.) constitue un appui pour les autres.

Quand la forme masque le fond

La maman de Matthieu, 8 ans, s'inquiète. Son fils est en CE1. Il a redoublé le cours préparatoire. Malgré ces deux années de CP, l'enfant ne sait toujours pas lire. Il reconnaît à peu près toutes les lettres capitales, mais pas toutes les cursives. Les mécanismes d'assemblage ne sont pas vraiment mobilisables. Quant à comprendre ce qui est lu, n'en parlons pas…

Le maître a demandé d'apprendre les jours de la semaine et les mois de l'année. Sa mère s'inquiète : « Matthieu ne sait pas lire, comment va-t-il y arriver ? J'ai repris la leçon avec lui, et il ne peut lire aucun des mots ! » Sa réaction montre qu'elle confond l'objectif de la leçon et la façon dont on peut la présenter. Certes, la présentation en colonne de tous les mots est la plus traditionnelle pour un CE1. Mais qui l'empêche de la lire elle-même à son enfant, de la lui faire répéter jusqu'à ce qu'il la connaisse ? Tout étonnée, la mère insiste : « Oui, mais la consigne est d'apprendre la liste... » C'est qu'il lui paraît tellement évident et implicite qu'à ce niveau-là, on doit passer par une présentation écrite qu'elle ne songe pas qu'ici la tâche est simplement d'apprendre une liste de mots, de les stocker en mémoire... En la lisant à Matthieu et en la lui faisant répéter, elle lui transmet l'information sous une forme parfaitement admissible. À son âge, il doit maîtriser plusieurs types de séquences : les jours de la semaine, les mois de l'année, les saisons dans l'ordre. Et c'est là la complexité de la tâche, pas de déchiffrer laborieusement une série de mots, ce qui est inaccessible à l'enfant pour le moment. L'apprentissage d'une séquence met en jeu la mémoire, mais aussi les fonctions exécutives qui permettent d'organiser une suite, un ordre, une chronologie, ce qui développe une bonne capacité de repérage dans le temps. Il est tout à fait indifférent de l'apprendre à l'oral ou à l'écrit. Les tâches scolaires (comme la plupart des tâches intellectuelles) mettent en œuvre plusieurs fonctions simultanément. Le principe général de l'adaptation des tâches pour les enfants dys est donc bien d'élucider sous quelle forme l'information est présentée et quel type de réponse est demandé. On cherchera alors à minimiser ce qui est difficile chez l'enfant dys. On restera cependant vigilant à ne pas dénaturer la tâche sous-jacente. On peut ainsi demander la réponse à l'oral quand la réponse écrite est rendue difficile parce que l'enfant présente une dysgraphie. Parfois, on doit conserver le format écrit de la tâche, pour des raisons d'organisation de la classe ou parce que l'interrogation orale n'est pas possible. On s'assurera alors de limiter autant que faire se peut la quantité d'écriture.

Un entraînement inutile

Les enseignants se demandent souvent si une telle adaptation n'est pas une facilitation déguisée et surtout si l'enfant ne perd pas « quelque chose » des apprentissages quand on lui propose de tels aménagements. Il est vrai que copier des mots permet de compléter le traitement visuel orthographique, et que l'enfant fixe alors mieux leur orthographe. L'encodage gestuel est un complément précieux de la mémoire orthographique. En déclenchant le geste, on amorce la représentation sous-jacente du mot. En permettant à l'enfant dyspraxique de ne pas écrire, ou d'écrire moins, on semble alors limiter, en apparence, une opportunité d'apprentissage. Cependant, pour l'enfant dyspraxique pour qui le geste est très coûteux, cette opportunité n'existe pas, ou seulement de façon marginale. En effet, comme le relève Michèle Mazeau, spécialiste du développement neuropsychologique de l'enfant et en particulier de la dyspraxie, au moment où il doit écrire, l'ensemble de ses capacités attentionnelles sont absorbées par le geste, de telle sorte que non seulement le traitement de la tâche cible devient difficile à réaliser simultanément, mais aussi ce bénéfice implicite complémentaire du renforcement de l'orthographe d'usage n'est clairement pas envisageable. En effet, c'est précisément cette automatisation du geste qui est difficile à obtenir de l'enfant. Il a beau s'entraîner à s'habiller, tenir ses couverts, colorier, écrire, le geste demeure faiblement automatisé, encore contrôlé et donc peu efficace. Cet encodage gestuel, précieux pour tout un chacun, pourra même s'avérer toxique pour l'enfant. Non seulement sa maladresse, qui est le cœur de ses difficultés, ne lui permettra pas d'utiliser cette information proprioceptive de manière pertinente, mais celle-ci, mal imprimée, peut s'avérer nuisible. Mieux vaut que l'enfant se focalise sur l'essentiel au lieu d'essayer de tout faire à la fois.

Accéder au contenu sans être gêné par le format de l'information

Il en est de même pour la lecture. Soulager l'enfant dyslexique pourrait paraître paradoxal, puisque, au contraire, on devrait lui donner toutes opportunités de lire pour s'entraîner. Mais il s'agit encore ici de juger du but de la tâche proposée. Si, dans des premières classes primaires, l'enjeu est probablement de s'assurer en classe de la qualité de la lecture du point de vue instrumental et d'entraîner, de stimuler et de corriger l'enfant, il est évidemment fondamental de laisser l'enfant dyslexique participer. Encore que parfois, embarrassé de mal lire, l'enfant se sente humilié quand il lui faut montrer devant tout le monde l'amplitude de ses difficultés. Sans compter que, comme le notent souvent les orthophonistes, il peut être parfois contre-indiqué de les faire lire à haute voix. L'enfant peut en effet avoir d'importantes difficultés lors de l'assemblage des sons au cours de la lecture. Il sera alors préférable de lui demander de lire à voix basse. Cela lui permettra d'éviter de solliciter la voie phonologique de lecture. Celle-ci est certes précieuse pour la lecture des nouveaux mots, mais elle force l'enfant à ânonner. La voie d'accès direct au sens est peut-être mieux préservée, et il sera éventuellement plus efficace de la privilégier lors d'une lecture silencieuse.

Mais au-delà de la période d'apprentissage proprement dite – qui dure deux ans environ –, la lecture devient un outil d'accès à des connaissances. On lit pour comprendre ce qui nous est demandé. On lit pour acquérir un savoir.

Pour l'enfant dyslexique, il s'avère donc judicieux de contourner la difficulté en lui lisant les consignes, ou en demandant à un de ses camarades de les lui lire.

Il faut toutefois rester vigilant car lever une contrainte peut parfois en engendrer une autre… Comme on l'a déjà mentionné, le miracle de la lecture est de donner à voir du langage. Grâce à elle, on se crée une mémoire externe, à laquelle on peut se rapporter autant que nécessaire. Grâce au stockage de l'information dans des livres, on soulage les besoins en mémoire à long terme, mais aussi en mémoire immédiate. Grâce à l'accumulation des connaissances dans des ouvrages ou sur des supports pédagogiques, on n'a plus besoin de tout conserver en tête : on peut se rapporter au support quand on en a besoin. L'enfant dyslexique ne dispose pas du même avantage que l'enfant qui ne l'est pas, qui peut recourir aisément à la trace laissée sur le papier.

Aussi, si on donne à l'enfant la consigne à l'oral, il faut s'assurer que la mobilisation attentionnelle est optimale, qu'il n'y a pas trop de bruit alentour qui pourrait le distraire et brouiller le message. L'enfant doit ensuite être capable de maintenir l'information le temps de la comprendre : « Dans le texte suivant, souligne les compléments circonstanciels de lieu. » Si la consigne est plus longue ou plus complexe, alors, l'enfant devra mobiliser sa mémoire de travail. Il devra maintenir vivante et disponible une série d'informations dans sa tête le temps de résoudre le problème posé.

Prenons la consigne suivante : « Souligne en rouge les compléments circonstanciels de lieu, en jaune les compléments circonstanciels de temps et en vert les compléments circonstanciels de manière. » Cet énoncé est long et la complexité des exigences importante. En effet, il y a :

– un aspect langagier (comprendre ce qui est dit dans l'énoncé) ;

– un aspect séquentiel (plusieurs tâches qui s'enchaînent) ;

– un aspect simultané (souligner un certain type de mots dans une certaine couleur) ;

– un but pédagogique (identifier les compléments circonstanciels de temps, de lieu et de manière).

Cette tâche est lourde cognitivement pour tous les enfants, et plus encore pour les enfants dyslexiques. En effet, ces derniers ne pourront pas revenir aussi aisément que leurs pairs à la consigne. Ils sont pénalisés par le coût de la lecture. Lire leur est difficile, donc ils évitent de le faire. En revenant au texte qu'ils ont du mal à lire, ils craignent souvent (sans doute implicitement) de perdre de vue l'enjeu principal de la tâche. Ils vont alors spontanément chercher à conserver l'information en tête en surchargeant leur mémoire de travail. Si l'exercice se prolonge sur toute l'heure de cours, ils vont même avoir besoin de la stocker en mémoire à long terme. Ils pensent ainsi pouvoir la retrouver en temps utile.

Étant donné la longueur de la consigne, beaucoup d'enfants ne présentant pas de troubles auront déjà du mal à ne pas en oublier une partie au cours de l'exercice. Les enfants dyslexiques, eux, seront encore plus fortement pénalisés : ils se tromperont de couleur, surligneront au lieu de souligner, oublieront les compléments circonstanciels de manière (et pour cause : ils ne se rappellent plus que vaguement ce que c'est).

L'aide individuelle aux enfants en difficulté

Si on décide de donner les consignes à l'oral, il sera essentiel d'alléger la quantité d'informations : « Jean, voici un texte que je vais te lire. Il faudra que tu me signales les compléments circonstanciels de lieu, et moi, je les soulignerai pour toi. » Mais voici que le texte fait 25 lignes, et que chaque phrase est complexe, avec des subordonnées, des appositions, des incises... Il sera très difficile à l'enfant de simplement écouter chacune des phrases, de la comprendre et de détecter le complément circonstanciel demandé... Il ne peut, comme à l'écrit, éliminer au fur et à mesure de sa lecture les éléments non pertinents, revenir partiellement en arrière, repérer des marqueurs précieux (orthographiques, conventionnels, etc.). Il doit résoudre la tâche au fur et à mesure que l'information lui est proposée, comme « au vol », avec une faible faculté de revenir en arrière !

Il est donc de bon sens de dire et redire la consigne, de lire et relire la phrase autant de fois que l'enfant en aura besoin. Voici le dialogue qui pourrait alors avoir lieu :

« Jean, voici un texte que je vais te lire. Il faudra que tu me signales les compléments circonstanciels de lieu, et moi, je les soulignerai pour toi. Je te répéterai la consigne au début et à chaque fois que tu en as besoin. Voici la première phrase : “Le lièvre, blotti dans son terrier, attendait la fin de l’hiver pour aller gambader dans les champs fleuris.” Tu vas devoir trouver le ou les compléments circonstanciels de lieu. Écoute-moi bien [focalisation attentionnelle et répétition de la phrase pour soulager la mémoire de travail] : “Le lièvre, blotti dans son terrier, attendait la fin de l’hiver pour aller gambader dans les champs fleuris.” As-tu trouvé des compléments circonstanciels de lieu ? N’hésite pas à demander que je répète si tu en as besoin. »

On notera que cette procédure est longue, laborieuse et coûteuse, pour l’élève comme pour l’enseignant. Ce dernier se demandera probablement comment il va pouvoir aider ainsi cet élève en particulier alors que sa classe compte trente enfants. En effet, la question se pose. Dans une classe ordinaire, les élèves sont nombreux, rapidement dissipés, certains tirant éventuellement prétexte de tout élément qui leur permettra de s’égayer et d’éviter de faire l’exercice. Mais, tout d’abord, on n’est pas obligé d’aider l’enfant de cette façon à chaque fois. Faire signe à Paul ou à Marie de temps en temps, afin de lui montrer qu’on est sensible à sa difficulté constituera un geste de confiance et d’alliance pédagogique précieuse. Enfin, n'oublions pas que les enfants dys sont nombreux (5 à 8 % de la population française). Cela correspond à un nombre élevé d'élèves dans le système scolaire dans son ensemble : près d'un demimillion d'enfants au total. Toutefois, à l'échelle d'une une classe, cela ne concerne que deux ou trois d'enfants. Chacun des trente élèves n'a généralement pas de besoins pédagogiques particuliers. Seuls quelques-uns devraient bénéficier d'un traitement spécifique. L'aide à un élève en particulier ne pénalisera pas nécessairement les autres. Lorsque l'enseignant travaille individuellement avec un enfant dans sa classe, il peut engager les autres élèves à travailler de façon autonome.

Les aménagements présentés ici sont cruciaux pour l'enfant dys : il est essentiel de s'appuyer sur les voies de traitement de l'information qui chez lui sont les plus préservées et efficaces. On pourra ainsi l'aider à contourner ses difficultés. Nous verrons néanmoins au chapitre suivant que l'adulte n'a pas à être nécessairement et systématiquement mis à chaque fois à contribution. On peut en effet passer le relais à l'enfant sans être soi-même, enseignant ou parent, constamment mobilisé.

Il est donc clair qu'aider l'enfant dyslexique à accéder au contenu des apprentissages pour éviter qu'il soit trop pénalisé par le format écrit, le passage par l'oral ne réglera pas tout. On risquera, si on n'anticipe pas les coûts associés à cette transposition, de ne pas aider réellement l'enfant, qui sera alors surchargé d'informations verbales et ne pourra pas les traiter de manière pertinente. Découper, séquencer, répéter, telles sont les clés pour le soulager. Le texte écrit apporte des bénéfices massifs dont l'enfant dys sera partiellement privé. Une vigilance toute particulière à la façon dont on traduira les apprentissages sera au cœur du processus de contournement.

Quand une exigence apparemment accessoire devient le problème principal

La lecture n'est pas essentielle uniquement dans les matières dites littéraires. Rapidement au cours de la scolarité, les besoins d'accès au format écrit vont se montrer prégnants, puis omniprésents. En histoire et en français, certes, mais aussi en mathématiques, en physique, en biologie, etc. Lorsqu'on interroge les familles sur les progrès de leur enfant en mathématiques, on entend souvent :

« En calcul, pas de difficultés !

– Et la résolution de problèmes ?

– C'est beaucoup plus laborieux… C'est qu'avant tout, il faut lire l'énoncé ! »

En effet, les problèmes de mathématiques sont parfois fort bavards. Quand la consigne consiste simplement à poser une opération pour la résoudre, l'enfant dyslexique n'est pas particulièrement gêné. Mais quand, en sixième, au début de l'apprentissage des nombres relatifs, on expose l'enfant à un travail de la nature suivante, il en va tout autrement :

« Choisissez les nombres relatifs suivants pour compléter le texte ci-dessous :

– 123 ; +2 ; -10 ; +1 200 ; -70 ; +2 000

Dans son chalet perché à ---- mètres, Julien ouvre un livre sur la mer. Il apprend ainsi que Enzo Maiorca a plongé en apnée à ---- mètres de profondeur. À l'aide d'un appareil, il a pu descendre encore plus bas et atteindre ---- mètres. Dehors, le thermomètre indique ---- °C. Pour le lendemain, la météo prévoit une baisse importante de la température qui devrait atteindre ---- °C. Julien pense qu'il annulera sa promenade à Saint-Véran situé plus haut que son chalet, à ---- mètres d'altitude. »

Dans ce cas, alors que nous sommes bien en cours de mathématiques, la lecture de l'énoncé devient nettement la partie la plus conséquente de l'exercice. Paradoxalement, comprendre la notion de nombre algébrique devient secondaire, puisqu'il va d'abord falloir s'approprier le texte, accéder à son sens et, enfin, choisir les données plausibles pour compléter les trous.

En mathématiques aussi, l'enfant dyslexique devra être soulagé de la dimension la plus coûteuse pour lui (lire) afin qu'il puisse se focaliser sur la demande et la maîtrise des notions numériques sous-jacentes.

Les enseignants des disciplines scientifiques sont souvent peu sensibilisés à l'aspect profondément langagier des tâches qu'ils soumettent aux enfants en période d'apprentissage. Phrases trop longues, appositions, voix passive, inversion du sujet, etc., sont souvent légion. Une attention toute particulière devra être portée sur la formulation des énoncés mathématiques :

« Vérifier ceux, parmi les polygones suivants, qui correspondent à des parallélépipèdes rectangles » pourra se traduire plus simplement par : « Entourer les rectangles. »

« Un camion pesant 2 tonnes est chargé d'une cargaison de machines-outils pesant 800 kg. Après une première étape, le chauffeur décharge la moitié de sa cargaison chez un client. Quel est le poids total du camion après cette première étape ? » pourra se traduire par : « Un camion vide pèse 2 tonnes. On charge une cargaison qui elle pèse 800 kg. Le chauffeur livre la moitié de son chargement. Quel est maintenant le poids total du camion ? »

Réduire chaque énoncé en une structure active simple du type sujet-verbe-complément permettra à l'enfant de ne pas se perdre dans les méandres de la formulation verbale. La structure du problème est respectée. On n'apporte pas d'aide particulière à l'enfant. On a simplement supprimé les mots sans pertinence pour le problème et découpé le paragraphe en unités plus courtes.

Du plus simple au plus compliqué

On se dira cependant que, souvent, en mathématiques ou en physique, comme dans beaucoup d'autres disciplines, repérer et inhiber des informations non pertinentes est essentiel. Quel enseignant n'a jamais vu un enfant particulièrement en panne en mathématiques, ajouter « l'âge du capitaine » ? Certes, mais on doit s'assurer d'abord d'apporter à tout enfant, et plus encore à l'enfant présentant des troubles des apprentissages, les outils cognitifs de base lui permettant de construire les traitements fondamentaux de manière rigoureuse et efficace. Cela l'aidera particulièrement quand on passera à une situation plus complexe.

Nul n'est besoin d'introduire dès le début des ambiguïtés, des éléments flous et peu pertinents. Ce double travail d'élucidation de la tâche et d'inhibition des informations inutiles ne permet pas, de prime abord, de construire un outil cognitif fiable. Il s'agit pour l'enfant dys de pouvoir entraîner systématiquement des compétences ciblées.

C'est particulièrement vrai pour l'enfant dyscalculique. Une fois encore, être mauvais en maths ou détester cette discipline ne permet pas d'évoquer une dyscalculie. La dyscalculie correspond à un trouble du sens des nombres, des mesures, des grandeurs. Cela ne signifie pas que l'enfant sera incapable de manier des quantités numériques, mais qu'il aura du mal à saisir la pertinence des résultats qu'il pourra obtenir : 100, 1 000 ou 10 000, c'est « beaucoup »...

Cependant, on peut aider l'enfant dyscalculique en s'efforçant de lui transmettre des procédures, un vade-mecum lui permettant de maîtriser *a minima* un « kit de survie » en mathématiques.

En effet, l'enfant dys est un enfant pertinent, intelligent, qui n'a pas de troubles de l'abstraction ou du raisonnement. Prenons le cas de Laura qui, à 15 ans, est en seconde. Elle réussit honorablement dans la plupart des matières. Elle aime particulièrement les sciences de la vie et de la terre. Le raisonnement biologique est aisé. Elle est tout à fait capable de poser des hypothèses sur la base d'un plan d'expérience, d'utiliser ses connaissances générales pour nourrir sa démarche intellectuelle. Elle est vive et curieuse. Par contre, quand on en vient aux éléments numériques, elle est rapidement désarçonnée. Alors qu'un enfant beaucoup plus jeune y parvient sans effort, Laura a encore besoin de dénombrer laborieusement de tout petits ensembles de trois ou quatre objets. L'estimation approximative d'une quantité contenue dans de plus grands ensembles (par exemple, un nuage de points) se révèle souvent assez loin de la réalité. Sa représentation des nombres sur une droite orientée n'est pas du tout analogique, l'espace entre 0 et 10 est beaucoup plus grand que l'espace entre 990 et 1 000. Elle a une intuition uniquement multiplicative des écarts entre les nombres (100 est dix fois plus grand que 10 de même que 1 000 est dix fois plus grand que 100). Et que dire des ordres de grandeurs !

« Une maison fait un mètre de haut, un train va à 50…

– 50 quoi ?

– 50… je ne sais pas. »

Bref, les unités ne sont pas maîtrisées, non plus que les mesures. Le calcul mental est difficile, et les résultats intuitivement loin de la cible. Comment

Laura a-t-elle survécu dans un collège élitiste de sa ville ? Elle a même obtenu une note correcte à l'épreuve de mathématiques du brevet ! C'est que Laura a su automatiser les procédures, reconnaître les problèmes types, su tirer parti de stratégies scolaires efficaces et appliquer systématiquement une démarche qui, si elle échoue parfois, permet néanmoins de réussir dans de nombreux cas, du moins jusque-là. Reconnaître un triangle rectangle et appliquer le théorème de Pythagore ou sa réciproque ne nécessite pas de manipuler des grandeurs ou de s'assurer de la plausibilité d'un résultat. Résoudre une équation du 1er degré revient :

1) à reconnaître sa formulation algébrique traditionnelle ;

2) à comprendre que les inconnues, les « x » doivent se trouver du même côté en appliquant un algorithme systématique, et le reste de l'autre ;

3) terminer en appliquant une règle de réduction toujours identique.

C'est une approche qui fonctionnera dans la majorité des cas. Par contre, pour Laura, x, y, z, 10, 50 ou 10 212, cela ne fait pas une grande différence.

Le mythe de l'autonomie

Pour l'enfant dyscalculique, une démarche systématique de compensation doit être mise en place. Reconnaître et appliquer correctement des algorithmes peut s'avérer efficace dans la plupart des cas. Il est vrai qu'en classe de seconde, les enjeux deviennent plus complexes, moins mécaniques et plus nombreux. Laura a naturellement plus de mal quand il lui faudra faire le tri entre les différentes procédures possibles.

Laura n'est d'ailleurs pas seule dans ce cas. Léo, lui, est un grand garçon dyslexique, qui n'a pas de trouble du sens des nombres, mais qui est à la peine en mathématiques. Longtemps en marge dans sa classe, il s'est retrouvé en grande souffrance scolaire dès la sixième. De jour en jour, son humeur devenait plus noire. Son estime de lui-même était déjà fort entamée par des années d'école primaire laborieuses et pénibles, sous les rires de ses camarades, et il faut bien le dire, les injonctions de ses enseignants qui pensaient qu'il n'était pas assez motivé ni travailleur, et qu'il se laissait aller… Dès le premier trimestre au collège, Léo a récolté un avertissement, alors qu'il travaille tous les soirs avec ses parents, parfois pendant trois heures. Consciencieux, il ne pourrait aller à l'école sans avoir terminé tous ses devoirs. Épuisé, démoralisé, Léo a jeté l'éponge. Ses parents, très anxieux, ont cherché à la hâte un nouvel établissement. Au bout de quelques mois, l'enfant va à nouveau mal. Il décroche complètement. À partir de là, il sera partiellement déscolarisé et rejoindra un temps une structure pour enfants handicapés, dans le but de ne pas perdre le fil. Cependant, les exigences scolaires de sa nouvelle école sont bien inférieures à ses capacités réelles. En effet, il est déjà capable de rédiger des petites nouvelles, se passionne pour le modélisme, dessine fort bien et aimerait travailler dans le monde de l'aviation. Pourtant, alors qu'il n'a que 13 ans, ses rêves s'envolent déjà. Ses parents, découragés, ne lui laissent plus non plus beaucoup d'espoir. Bien que peu stimulé dans son nouvel environnement scolaire, Léo reprend un peu confiance en lui. Il est prêt à refaire un essai dans un établissement accueillant des enfants dyslexiques. Il s'intègre rapidement, se fait des amis, les résultats sont au rendez-vous. Mais une ombre reste au tableau : les maths. Il est vrai que les cours lui conviennent peu. Après une longue période d'exploration et d'expérimentation, l'enseignant aborde le sujet de la leçon sous différents angles. Léo est d'abord stimulé, il a l'impression de comprendre. Pourtant, lorsqu'il ramène à la maison une feuille d'exercices faits en classe, stupeur des parents : tout est faux. Susceptible et un rien bougon, Léo prend souvent la mouche, et cela se termine dans des tensions qu'on pensait avoir oubliées.

C'est que les enfants présentant des troubles des apprentissages ont besoin d'être guidés dans leurs acquisitions. L'approche pédagogique par l'autonomie et la découverte les oblige à détecter les règles sous-jacentes à chaque notion qu'on cherche à leur faire appréhender. Or ils ont déjà fort à faire pour suivre le cours, qui en lisant, qui en écrivant tant bien que mal.

Tout comme Laura, Léo a besoin d'un guide pour l'aider dans sa progression. Il a besoin qu'on plante rapidement le décor, qu'on lui fournisse des amorces de méthode et de raisonnement qu'il pourra ensuite généraliser à d'autres cas. Le tâtonnement est peu pertinent pour ces enfants qui peinent déjà souvent dès les premières étapes des apprentissages.

Beaucoup d'enseignants s'inquiètent cependant souvent de tomber, dans leur enseignement, dans ce qu'on a communément l'habitude d'appeler les « recettes de cuisine ». Cette inquiétude n'est pas toujours justifiée. Certes, il faut éviter les routines répétitives et détachées de leur contexte. Cependant, des chercheurs ont pu démontrer (Klahr et Nigam, 2004) que dans certaines tâches de raisonnement, physique ou mécanique, laisser à l'enfant le soin de découvrir seul les mécanismes sous-jacents à un dispositif expérimental pouvait s'avérer long et périlleux, et laissait parfois s'installer chez les enfants des idées fausses et résistantes. La proposition d'une stratégie de résolution de problème se montre en revanche nettement plus favorable à un apprentissage rapide et fiable, à un bon travail de modélisation du processus à étudier, et même au développement de capacités de généralisation à d'autres situations.

Tel un bon artisan, l'enfant, et plus encore l'enfant dys, a besoin de se fabriquer une boîte à outils rigoureuse et efficace afin de dépasser ses difficultés. Chercher avant tout et vite à « donner du sens », avant que l'enfant ait les moyens et les briques élémentaires pour penser un sujet donné, peut induire un faux sentiment de compréhension, basé sur une représentation erronée du problème. Une fois encore, permettre à l'enfant dys de s'approprier les compétences à un moindre coût cognitif est la règle de base d'une pédagogie adaptée.

À retenir

• Pour l'enfant en difficulté, la clé des apprentissages consiste à passer par le canal de traitement de l'information le mieux préservé (par exemple, l'oral pour un enfant qui a du mal à lire).

• On doit permettre à l'élève d'accéder au contenu, sans qu'il soit gêné par le format de l'information.

• Renoncer à un aspect purement instrumental d'une tâche (par exemple, écrire) ne signifie pas avantager un enfant par rapport à un autre. Cela ne revient pas non plus à priver l'élève d'une occasion d'entraînement pour ce qui est plus difficile pour lui.

• Proposer des procédures à un enfant, c'est lui permettre de se créer une « boîte à outils » cognitifs efficaces, mobilisables quand il en a besoin.

5

ADAPTER

Sans adaptations appropriées, le risque d'une scolarité chaotique

Une erreur d'aiguillage qui coûte cher

Deborah a 11 ans. Elle est désormais en CM2, mais a traversé sa scolarité primaire de manière chaotique. Petite fille vivante et enthousiaste, elle est choyée par ses parents. Elle porte des vêtements à la mode, et donne déjà l'impression d'entrer résolument dans l'adolescence. Cependant, très dyslexique, elle a été malmenée par le système éducatif qui n'a pas su l'aider. Après un redoublement de CP sans profit, Deborah a été admise en CE1. Elle ne savait toujours pas assembler une consonne et une voyelle... L'année a été douloureuse. Naturellement joyeuse et espiègle, elle s'est graduellement assombrie.

Sociable et entourée, évoluant dans un milieu familial chaleureux, elle est devenue irritable. Les disputes avec ses copines de classe se sont multipliées. À la rupture des apprentissages s'est ajoutée une rupture sociale. L'enfant s'est retrouvée isolée. Le maître ne parvenait pas à l'aider. La relation entre les parents et les enseignants est devenue moins confiante et les entretiens se sont multipliés sans pour autant permettre la mise en place d'un dialogue constructif. En milieu d'année, l'équipe éducative s'est réunie. La tension était palpable. Le père de Deborah considère qu'on ne prête pas l'attention nécessaire à sa fille. Les reproches mutuels ont envenimé l'atmosphère. Des mots blessants pour les parents et l'enfant ont été prononcés. On évoque le manque de travail à la maison. Au bout du compte, on parle de CLIS[1]. Ce sont des classes mises en place par l'Éducation nationale qui reçoivent des enfants ayant des besoins pédagogiques particuliers. Selon la nature de ses troubles, l'enfant peut être pris en charge par des enseignants spécialisés dans le domaine du retard intellectuel, de l'autisme, des troubles du comportement, des troubles sensoriels et moteurs. Quand c'est possible, une intégration

1. Classe pour l'inclusion scolaire. Il en existe quatre catégories : CLIS1 : enfants présentant un retard mental et/ou des troubles du comportement ; CLIS2 : enfants sourds et malentendants ; CLIS3 : enfants déficients visuels ; CLIS4 : enfants handicapés moteurs.

partielle dans une classe ordinaire est proposée pour certaines matières.

Les parents de Deborah sont intraitables : « La CLIS, c'est hors de question ! » Leur enfant n'est ni handicapée ni stupide. Ils refusent qu'elle soit orientée : « Elle n'a que 8 ans ! » Depuis la loi du 11 février 2005 pour l'égalité des droits et des chances, qui inclut un paragraphe concernant l'accueil d'enfants aux besoins pédagogiques particuliers, nul ne peut imposer une orientation non souhaitée. Les parents, éclairés par des professionnels, sont seuls décisionnaires, et l'école publique se doit d'accueillir l'enfant, en dépit de ses différences. Les parents de Deborah sont dans leur droit, on ne peut pas exiger une orientation à laquelle ils s'opposent pour leur fille. Ne pouvant pas redoubler deux fois au primaire, et malgré ses importantes difficultés en lecture, l'enfant est admise dans la classe supérieure.

Rapidement, la situation se dégrade, l'enfant est en grande souffrance. Marginalisée dans sa classe, elle en devient le bouc émissaire. Même les enfants proches d'elle les années précédentes se sont éloignés. Elle est la cible de moqueries et panique quand on lui demande de lire à haute voix en classe. Elle pleure, a mal au ventre et, certains matins, refuse même d'aller en classe. Devant la tournure inquiétante que prennent les événements, les parents consultent en urgence un pédopsychiatre qui les engage à reconsidérer leur décision d'orientation. L'intégration à temps plein en classe ordinaire ne semble pas convenir à Deborah qui s'épuise et perd tout plaisir aux apprentissages, y compris ceux qui ne mobilisent pas la lecture. Cet effort de « normalisation » de sa scolarisation ne semble donc pas porter ses fruits. Une phobie scolaire est à craindre, en réaction à la situation inconfortable de l'enfant dans sa classe. Elle ne traverse pas une dépression authentique, mais n'a plus les forces pour faire face.

Angoissés, les parents de Deborah poursuivent leurs investigations et finissent par se laisser convaincre : Deborah sera inscrite l'an prochain en CLIS, avec un temps partiel en intégration pour l'art, la gymnastique et l'histoire dont elle raffole. Cependant, peu de classes adaptées existent, et aucune n'est réellement organisée autour de la dyslexie. On trouvera donc un compromis. L'enfant rejoindra une classe pour enfants sourds ou malentendants, une CLIS2. Cela n'est pas idéal, mais au moins l'enseignant travaille sur le langage et aide les enfants à contourner leurs difficultés.

Bien que l'école soit éloignée du domicile de la famille, et que la maman ait dû réduire son activité professionnelle pour accompagner son enfant le matin et la récupérer le soir, l'année part sur un bon pied. Un orthophoniste se déplace à l'école pour faire travailler l'enfant. Le rythme est moins soutenu. Il n'y a plus de notes ou d'évaluations stressantes. Deborah reprend son souffle, et on attend avec patience les progrès en lecture... qui n'arrivent malheureusement pas. Malgré une atmosphère compréhensive et peu exigeante, les capacités de déchiffrage ne décollent pas. Les bilans successifs le confirment. Malgré une certaine amélioration de la conscience phonologique, la traduction de ces habiletés dans le domaine fonctionnel au moment de lire une consigne ou un texte est décevante.

À nouveau, aux frustrations scolaires répondent les tensions sociales. Deborah a bien fait un effort. Mais elle a malgré tout du mal à se faire des amis dans ce nouvel environnement. Elle ne se reconnaît pas dans les difficultés de ses camarades. Insensiblement, elle s'isole à nouveau.

Des solutions intermédiaires

Il est clair que Deborah a besoin qu'on l'aide. Une scolarité ordinaire ne lui convient pas. Une scolarité adaptée sur le papier ne peut répondre à ses besoins que si elle est réfléchie en fonction de la nature spécifique de ses difficultés. Être attentif et compréhensif est déjà humainement un progrès, mais qui ne lui permettra pas de résoudre la question de fond : elle ne parvient pas à lire. Dans une société où tout passe par l'écriture, elle est clairement en situation de handicap.

Certes, on va s'efforcer d'entraîner de façon intensive, avec un professionnel paramédical, en l'espèce un orthophoniste, les fonctions cognitives qui prévalent lors de la lecture. Cependant, la vitesse des progrès est difficile à anticiper. La fonctionnalité de la lecture, au terme de ces prises en charge, ne peut être prévue à l'avance. Et pendant ce temps, la scolarité avance vite, les mois passent, et l'enfant se doit de ne pas trop décrocher s'il veut rester scolarisé avec ses pairs.

Comment aider l'enfant présentant des troubles des apprentissages à réussir en dépit de ses fragilités ? C'est à cette question-là que doivent répondre les adaptations scolaires. Pour être efficaces, il est impératif qu'elles se situent au plus près des besoins de l'enfant.

Par la suite, Deborah change à nouveau d'école. Elle rejoint un établissement dédié aux enfants qui présentent des troubles des apprentissages. Dès les premiers jours, l'enfant est installée dans le bureau d'une ergothérapeute, un professionnel de santé qui recherche la meilleure adaptation entre les outils et l'enfant qui doit les employer. Elle montre à Deborah sur l'écran de son ordinateur des textes écrits en caractères d'imprimerie. Elle fait varier la taille des lettres : « Est-ce mieux comme ceci ou comme cela ? » lui demande-t-elle. Deborah hésite, passe d'une présentation à l'autre et se fixe en faveur de la taille relativement plus petite qui lui convient mieux. On passe alors à la police de caractères. Et à nouveau l'enfant décide et choisit celle qu'elle préfère. On décide ensuite de l'écartement des lettres, des mots. Puis de l'écart entre les lignes. Peu à peu, Deborah découvre que sa lecture est plus confortable lorsqu'on modifie la présentation du texte. Très sensible à ce qui l'aide, l'enfant parvient à décider de la présentation la plus appropriée et qui soulagera la première étape de la lecture, qui est visuelle.

Le principe d'accessibilité scolaire

Le travail que nous venons d'évoquer devrait être fait avec chaque enfant. On peut néanmoins dégager quelques règles fondamentales qui permettront à ceux qui présentent des troubles des apprentissages un accès plus aisé aux contenus, tout en étant le moins gêné possible par le format de ces apprentissages. Les parents (et les enseignants eux-mêmes) remarquent souvent que les manuels scolaires sont d'usage difficile pour leurs enfants. Depuis quelques décennies, ces livres sont édités avec un souci inflationniste de proposer les supports les plus attrayants et les plus riches possibles aux élèves. Le raisonnement est souvent que si tel type d'apprentissage (disons visuel) convient mieux à tel élève, celui-ci pourra s'appuyer sur la multitude de photographies, cartes, tableaux, bandes dessinées qui ornent les pages. On cherche à amener l'enfant à « découvrir » le plus possible par lui-même les notions qu'on souhaite lui inculquer en multipliant les canaux d'apprentissage. Toutefois, la réflexion est rarement menée sur le format le plus approprié à chaque notion. La saturation des divers modes de présentation ne peut pas aider l'élève, bien au contraire, car, comme on l'a vu, les capacités attentionnelles de l'enfant risquent d'être vite débordées. Les dessins, encarts, textes entremêlés avec des images auront pour conséquence une dilution de l'information, avec un effet distracteur sur l'élève. L'effort que l'enfant devra faire pour détecter et traiter l'information pertinente sera très coûteux. Par ailleurs, les parents, même s'ils connaissent parfois bien les notions abordées, ont souvent eux aussi du mal à cibler les éléments principaux et à faire le tri entre l'essentiel et les éléments secondaires ou périphériques. Ils feuillettent un peu décontenancés ces magnifiques livres colorés, à la recherche du cours, des notions essentielles, et ont du mal à déterminer ce qui est réellement visé. Alors que dire des enfants ? Ceux-ci n'ont pas même les éléments de contexte, les connaissances de fond, les stratégies scolaires leur permettant de cibler ce qui compte !

Ce qui est vrai pour les enfants en général l'est encore plus pour ceux qui sont en difficulté. En effet, afin d'éviter doubles tâches, surimposition de stratégies scolaires complexes, exigences attentionnelles supplémentaires, il est important de proposer l'information de la manière la plus pertinente en fonction de la notion abordée, des forces et fragilités de chacun.

Des règles simples de présentation

On peut énoncer un corpus limité de règles simples permettant à l'enfant d'être soulagé, en particulier lors de la prise d'information par la lecture :

– séparer le texte des images, tableaux, cartes, etc. : on ne mélangera pas les différents types d'informations et on séparera chacune d'elles pour que l'enfant n'ait pas besoin d'extraire celle dont il a besoin d'un fatras de données annexes ;

– prévoir une police de taille suffisante (16 à 18) : on agrandira la police par souci de rendre les caractères saillants et bien contrastés, et d'éviter l'effet de densité de l'information dans la page, c'est-à-dire l'empilement sur un espace étroit de trop d'éléments à traiter ;

– renoncer aux italiques, qui modifient trop l'aspect visuel des caractères ;

– choisir des polices standard, qui ne déforment pas les lettres telles qu'elles ont été apprises initialement par les enfants (Arial ou Comic Sans MS, par exemple) : l'expérience tend à prouver que ces polices traditionnelles sont à privilégier, car elles ne demandent pas à traiter des caractères inhabituels ou trop différents de ceux de l'écriture cursive tels que le a. À défaut, cela rajouterait un coût supplémentaire de traitement de caractères nouveaux dont on peut soulager l'enfant ;

– appliquer un interlignage aéré (1,5) ;

– justifier le texte à gauche seulement.

Les raisons des deux dernières recommandations méritent d'être approfondies. En effet, comme on l'a vu, la première étape de la lecture est de nature visuelle. Cependant, le regard n'est pas statique quand il lit. Les yeux réalisent des microsaccades horizontales pour passer d'un mot à un autre et des grandes saccades obliques quand ils passent d'une ligne à la suivante. La vision centrale se concentre sur les informations fines à traiter (les caractères), tandis que la vision périphérique anticipe et prépare la prochaine saccade, au vu de la longueur des mots qui suivent ou de la phrase qui reste à lire.

Certains enfants sautent des mots, ou des lignes, sans même s'en apercevoir. En agrandissant l'espacement entre les lignes, on peut compenser ces éventuels troubles du regard.

De la même manière, on proposera de ne pas justifier le paragraphe à la fois à gauche et à droite. En effet, un tel choix de justification rendrait variable l'espacement entre les lettres et entre les mots. Or on se rappelle que le regard ne suit pas les lignes de manière lisse, mais en réalisant des saccades, passant de groupes de lettres en groupes de lettres. Si les espaces entre les lettres et les mots sont variables d'une ligne à l'autre, les saccades oculaires devront aussi être d'amplitude variable et ne pourront plus être automatisées. Cela ajoute un traitement supplémentaire pour l'enfant qui a déjà du mal à déchiffrer le texte proposé.

Une présentation épurée des supports pédagogiques permet une meilleure accessibilité du contenu. Pour l'enfant dyslexique, la lecture est souvent depuis le début un exercice anxiogène. La simplification et l'allégement visuel de la tâche sont déjà un soulagement, car ils permettent de réduire l'impression de complexité.

Afin d'aider la structuration du matériel en mémoire, et donner des balises connues et reconnaissables au cours de la lecture, on proposera des marqueurs visuels simples et toujours identiques. Par exemple, les titres pourront être systématiquement en rouge. Les mots importants seront surlignés en jaune. En effet, les spécialistes de la basse vision savent que le contraste noir sur jaune est meilleur pour la rétine que le contraste noir sur blanc. Cet aménagement, inspiré des adaptations mises en œuvre depuis longtemps dans d'autres types de troubles, constitue une aide précieuse pour l'enfant.

On l'a dit, l'enfant dys est un enfant intelligent. Il a les moyens intellectuels pour réussir sa scolarité. Il ne s'agit pas de transformer ou d'édulcorer le contenu de ses apprentissages. Il est en effet tout à fait capable d'avoir accès à la complexité intellectuelle. Transformer les contenus afin d'éviter les doubles tâches réduit certes une part de la complexité cognitive, mais dans la partie se référant au traitement du format de l'information. On veillera en revanche à conserver la substance des apprentissages eux-mêmes.

La formulation des contenus

Il paraît pertinent de formuler les consignes et de proposer des énoncés qui visent bien la notion ciblée par l'apprentissage. Par exemple, il n'est pas nécessaire de faire analyser des paragraphes longs et complexes quand on cherche à inculquer des notions de grammaire. On graduera l'élaboration des formulations afin de partir d'exemples transparents, pour étoffer pas à pas les données, et permettre ainsi à l'enfant de généraliser sa compréhension de la notion enseignée.

On pourra par exemple inculquer la notion d'adjectif qualificatif par des exercices de difficulté échelonnée, permettant d'abord de reconnaître la notion dans des cas d'abord simples, puis pas à pas de plus en plus complexes (une tomate rouge, un train rapide, des tableaux magnifiques, une belle voiture bleue, une jolie petite fille, le chemin sinueux se perd dans la forêt profonde, etc.), avant de faire compléter des phrases à trous et, enfin, de faire produire des phrases complètes contenant des adjectifs.

Notons que l'enfant dyslexique a souvent tendance à mettre en œuvre des stratégies de contournement de la difficulté de lecture, des heuristiques, c'est-à-dire des manœuvres simplificatrices. Ces approches permettent souvent de résoudre le problème posé, mais peuvent aussi mener à des erreurs.

Bout de la ligne et fin de la phrase

Mathis appelle son enseignant : « On nous demande de chercher les verbes. Mais, c'est bizarre, cette phrase n'a pas de verbe… » L'enseignant s'approche, se penche sur l'épaule de l'élève ; il ne comprend pas pourquoi l'enfant est en difficulté. En relisant la phrase, il constate qu'elle n'est pas erronée et contient bien un verbe. « Mais si, Mathis ! Regarde bien, il y a un verbe dans cette phrase ! » Interdit, l'enfant relit à nouveau, d'abord à voix basse, puis à mi-voix, de telle sorte que l'enseignant découvre l'erreur de son élève. Au lieu de lire la phrase jusqu'au bout, c'est-à-dire jusqu'au point final, il s'est arrêté au bout de la ligne et n'est pas passé à la suivante. On peut expliquer cela par le fait que, dans les manuels, les rédacteurs font parfois attention à ne pas tronquer les phrases. L'approche de Mathis est donc généralement efficace : le bout de la ligne est souvent la fin de la phrase, mais pas dans ce cas-là.

Donc, si on doit, autant que faire se peut, ne pas proposer des phrases à rallonge, il pourra être judicieux, dans tous les cas, de faire apparaître une seule phrase par ligne, ce qui circonscrit l'effort de l'enfant et lui évite de commettre la même erreur que Mathis. Si on ne peut pas toujours raccourcir les phrases, on privilégiera la présentation du texte sous forme paysage (horizontale) et non sous la forme traditionnelle verticale.

Rendre la lecture plus accessible par un format adapté pourra soulager partiellement bon nombre d'enfants dyslexiques, quelle que soit l'origine de leur trouble. Il aidera naturellement de manière déterminante l'enfant ayant des troubles du regard, pour lequel l'organisation du regard est fragile ou inefficace.

Il est important de ne pas confondre les notions de vision et de regard. La vision se réfère à la capacité qu'a la rétine d'abord et toute une série d'aires cérébrales ensuite de décoder le signal porté par la lumière. Le regard est, quant à lui, l'action intentionnelle d'aller chercher une information visuelle dans l'espace. Le regard doit être considéré comme un geste tout à fait particulier qui va permettre de porter à la rétine les informations qui lui seront utiles. Par le regard, c'est toute une mécanique cérébrale (des aires dédiées qui donnent les ordres) et oculaire (trois paires de muscles qui orientent les globes oculaires) qui est mise en œuvre dans le but d'aller saisir les informations pertinentes dans l'environnement.

Pour d'autres types de troubles de la lecture, l'adaptation pourra ne pas suffire. En effet, l'allégement de la structure visuelle soulagera la première étape de la lecture, mais les étapes suivantes pourront rester difficiles et laborieuses. La technologie nous permet désormais de pallier cette limite.

Les apports des technologies d'assistance

Le retour vocal

La quasi-totalité des ordinateurs disposent aujourd'hui d'un logiciel de retour vocal. Le retour vocal consiste à demander à l'ordinateur de lire lui-même le texte qui apparaît à l'écran. Si les supports pédagogiques adaptés qui ont été décrits plus haut sont disponibles en version électronique, l'enfant n'a qu'à ouvrir sa machine et le support sur lequel on lui demande de travailler. En soulignant le mot qu'il a du mal à lire, il remplace sa propre lecture par une lecture synthétique, qui lui renvoie l'image sonore du mot qu'il était en train de déchiffrer maladroitement.

Tristan est un jeune garçon blond comme les blés, au regard vif, qui souvent ne résiste pas à l'envie de lancer des blagues en plein cours, ce qui lui vaut régulièrement des remontrances. L'enseignante est d'autant plus attentive avec lui qu'il est dyslexique et que la lecture n'est toujours pas fluide en sixième. Elle l'interroge régulièrement pour capter son attention et s'assurer qu'il ne s'évade pas dans quelque rêverie. Aujourd'hui en histoire, elle lui demande de lire. Tristan bénéficie d'un ordinateur en classe et les supports de cours sont adaptés et disponibles en version électronique. Sur l'écran de sa machine, l'enfant commence à lire. Le début est correct, puis, le déchiffrage devient plus lent et saccadé. Tristan ânonne : « En Égypte, les abordes heu… les abords du… du Nil sont riches en vestiges ar… arché… archéo… » L'enfant bute sur un mot rare. L'enseignant l'interrompt : « Tristan, ce mot est difficile ! Pourquoi n'utilises-tu pas le retour vocal pour te le faire lire ? » « Ah oui ! », répond l'enfant qui souligne le mot et le fait lire à toute la classe.

L'avantage d'une telle approche est de soulager l'enfant qui est moins anxieux devant les complexités éventuelles à venir dans une tâche de lecture. De plus, au lieu de lui laisser mobiliser la voie d'assemblage quand celle-ci est non pertinente, le retour vocal permettra de donner la bonne image sonore du mot, ce qui enrichira la voie d'adressage, au lieu de laisser s'installer des erreurs qu'il sera plus difficile de corriger par la suite.

On note bien que cette utilisation du retour vocal demande une certaine discipline que le jeune enfant aura parfois du mal à mettre en œuvre. Le rôle de l'enseignant sera alors de solliciter régulièrement son usage, lors de travaux collectifs ou individuels.

Certains enfants sont tellement aidés par un tel outil qu'ils l'utilisent de manière systématique et très efficace. Rappelons-nous Deborah. Elle est devenue rapidement experte dans la manière de solliciter les aménagements qui l'aident le plus. Une police trop grosse la gêne car elle prend trop peu d'information à la fois. Elle est, en revanche, particulièrement soulagée de n'avoir qu'une seule phrase par ligne. Elle anticipe au moins le travail à faire. Par ailleurs, elle est passée maître dans l'utilisation du retour vocal. Le casque vissé sur les oreilles, elle peut de manière autonome effectuer les exercices demandés sans prendre de retard.

Il en est de même de Gabriel, dont la situation est un peu particulière. Bébé joyeux et actif, les premiers mois de vie n'ont rien révélé de particulier. La motricité n'a posé aucune difficulté. Il court, saute, grimpe avec agilité. C'est vers 2 ans que les parents ont commencé à s'inquiéter. En effet, Gabriel ne disait pas un mot… Leur fils aîné a parlé tôt, alors ils se demandent d'abord si leur cadet n'est pas simplement paresseux. Ils lui laissent du temps et ils ont raison. Beaucoup d'enfants présentant initialement un certain retard de parole ou de langage parlent ensuite très bien. Il peut en effet s'agir d'un simple décalage par rapport à l'âge attendu. Cependant, si depuis l'âge de 18 mois Gabriel comprend bien ce qu'on lui dit, à 3 ans, il est toujours peu spontané, ne dit que quelques mots, mots dont la prononciation est encore déformée, ce qui fait que l'enfant est peu intelligible en dehors du cercle familial. Gabriel en souffre, d'ailleurs. Il s'énerve quand on ne le comprend pas. En fin de petite section de maternelle, les progrès restent limités.

Malgré ses troubles du langage, l'enfant est charmant et bien accueilli par ses camarades. Une intervention énergique en orthophonie va être mise en œuvre, qui va beaucoup l'aider. En quelques semaines, il est démutisé. Des phrases complètes sont possibles. Le vocabulaire s'enrichit rapidement. La scolarisation reprend son cours. Cependant, avec l'entrée en CP et le début de l'apprentissage de la lecture, les difficultés reviennent de manière massive au premier plan. Fait particulier, malgré les nombreuses répétitions, Gabriel ne reconnaît pas toutes les majuscules et peu de cursives.

Les années passent, les progrès sont très limités. De multiples astuces sont mises en œuvre : on mobilise les méthodes multisensorielles, mêlant matériel visuel, lettres rugueuses à manipuler, des mots associés, des gestes particuliers, comme ceux mis au point par la méthode Borel-Maisonny. On colore les syllabes, on tente la lecture globale… Rien n'y fait. À 10 ans, Gabriel ne peut que nommer quelques lettres et ne fait pas le tri entre les différentes écritures d'imprimerie. Par exemple pour BISE, il va épeler B, L, S, E, gêné par l'ambiguïté entre le I majuscule et le l minuscule. Pourtant, toutes les lettres sont ici en majuscules, mais l'effet de contexte ne l'a pas aidé à lever cette ambiguïté.

Bref, à 10 ans, Gabriel est non-lecteur. On le dirait « aveugle » aux signes de la lecture, qui ne font pas sens pour lui. Au cours de l'équipe éducative, la réunion annuelle qui réunit la famille, l'enfant et l'ensemble de l'équipe pédagogique et paramédicale, on s'interroge : le retour vocal pourra-t-il l'aider ? On s'inquiète : s'il confond majuscules et minuscules, comment pourra-t-il repérer le début et la fin de la phrase pour se la faire lire ? On finit par renoncer à lui proposer cet aménagement, de crainte d'ajouter un niveau de complexité au lieu de le soulager. On continuera à l'aider avec une traduction à l'oral des énoncés par le maître, un camarade ou les parents.

Ayant tiré un bénéfice notable d'un accompagnement soutenu pendant un an, et repris confiance en lui, Gabriel obtient de bons résultats, en ligne avec ses capacités. L'année suivante, sa nouvelle enseignante ignore les décisions précédentes de l'équipe éducative et qu'il ne lui a pas encore été proposé une aide par retour vocal. Elle le met en place spontanément pour Gabriel comme elle l'a déjà fait pour plusieurs élèves de sa classe, sans se laisser arrêter par des inquiétudes particulières. Le résultat est spectaculaire. L'enfant s'empare immédiatement de l'outil, et bien que toujours très en panne en lecture, il parvient à se faire lire les textes qui lui sont proposés. Intuitivement, il a trouvé les marqueurs pertinents qui lui permettent de déterminer où commence et où finit l'énoncé cible.

L'exemple de Gabriel est symptomatique des capacités d'adaptation de l'enfant dys. Enfant intelligent et pertinent, il trouve explicitement parfois, mais le plus souvent implicitement, les éléments d'information sur lesquels il va pouvoir s'appuyer pour contourner ses difficultés. Cette adaptabilité, cette recherche de stratégies compensatoires peut le mener parfois à des raccourcis dont nous avons parlé (par exemple penser qu'en général, la phrase se termine au bout de la ligne, soulageant ainsi une partie des anticipations anxiogènes de la longueur de ce qu'il va falloir lire), mais plus souvent encore à des heuristiques utiles et généralement efficaces.

Notons à nouveau que, comme pour le correcteur orthographique, le retour vocal n'encourage pas l'enfant à la paresse. Bénéficiant d'une image phonologique correcte des mots à lire, il enrichit au contraire la voie lexicale, la voie rapide de lecture et celle qui permet d'accéder le plus souvent au sens. La preuve en est qu'après deux ans de scolarité adaptée, bénéficiant d'une prise en charge orthophonique stimulante, systématique et quotidienne, et accompagné dans ses progrès scolaires, avec l'appui de supports pédagogiques adaptés, d'outils informatiques de contournement, Gabriel commence à décoller dans la lecture de manière indépendante. On ne pourra démêler ce qui, de sa maturation propre, de la stimulation cognitive, de la reprise de confiance en soi, aura été le plus déterminant dans ses progrès. C'est probablement la somme combinée, ordonnée et systématique de toutes ces stratégies qui l'aura aidé. Toujours est-il que non-lecteur à 10 ans, il déchiffre correctement à 12 ans et ne pleure plus en disant qu'il ne sait ni lire et écrire, qu'il « ne sait rien ».

On aura vu que le retour vocal est un outil de choix pour les enfants dyslexiques. C'est un des outils de leur indépendance à terme. En effet, combien de parents évoquent l'épuisement de toute la famille quand, jour après jour, mois après mois, année après année, il faut soutenir l'enfant, lire et relire à sa place ? Remarquons néanmoins que les voix synthétiques disponibles peuvent parfois paraître assez désagréables à l'oreille. Encore assez rugueuses et monocordes, elles sont acceptables pour des lectures courtes. Même si les progrès sont stupéfiants, et que certaines voix (le plus souvent payantes) sont aujourd'hui presque humaines, la lecture d'un texte long peut s'avérer un peu monotone. La voix ne mettra pas le ton, et pourtant la prosodie, le timbre, l'enveloppe rythmique et émotionnelle du langage sont des indices très importants pour comprendre le contenu de ce qui est dit. En particulier, ces indices sont cruciaux dans l'interprétation de l'implicite et du second degré. S'en priver, c'est négliger une dimension sous-jacente très précieuse au cours de l'écoute.

• *Lire des livres quand on est dyslexique*

Les parents d'Emmanuel s'inquiètent. Il présente une dyslexie-dysorthographie significative. Le jeune homme est parvenu malgré tout jusqu'en quatrième au sein du milieu scolaire ordinaire. Mais au prix de combien d'efforts et de sacrifices a-t-il réussi à dépasser ses difficultés ! Depuis l'entrée au collège, le temps de travail à la maison est devenu écrasant. Ses parents se sont mobilisés. Les week-ends passent en cours particuliers et révisions. Cependant, le professeur de français a demandé de lire *La Peau de chagrin* de Balzac pendant les vacances. La maman d'Emmanuel a décidé de l'aider à le lire. Comme beaucoup de parents, elle a proposé à son fils de partager l'effort. L'enfant lit une page ou deux, et quand la charge devient trop épuisante, elle prend le relais et fait avancer l'histoire. Après avoir lu le livre viendront des questions auxquelles il faudra répondre par écrit. Tout le processus va devenir exorbitant pour l'enfant… et pour ses parents.

Il existe pourtant des solutions afin que l'enfant puisse accéder seul au texte de ce classique de la littérature française, sans dépendre de son entourage. En effet, il pourrait utiliser la version vocale ou audio book de cette œuvre complexe, tout en suivant le texte sur le livre. Cela lui permettrait ainsi de prêter toute son attention au contenu de l'ouvrage et de préparer ses réponses aux questions posées.

Les parents s'interrogent néanmoins : « Est-ce possible, autorisé ? » Or il est bien clair que l'objectif est ici de prendre connaissance d'un texte sophistiqué, complexe, faisant partie du patrimoine littéraire français et qui va permettre à l'enfant d'enrichir sa culture générale, approfondir sa réflexion. Cependant, l'essentiel ne réside-t-il pas dans son contenu et non dans son format ? Ne va-t-on pas juger Emmanuel sur sa capacité à comprendre un texte sophistiqué entraînant les capacités d'analyse et à produire des commentaires judicieux et appropriés ?

On préférera ici la version vocale du livre lue par un professionnel, humain, comédien par exemple, qui animera le texte de manière audible et utilisable par l'enfant, dans toute sa richesse. L'utilisation d'un logiciel de retour vocal appliqué à la version électronique du livre sera un appoint précieux dans un second temps, au moment d'une relecture éventuelle de certains passages.

Le clavier

Romain est un jeune garçon malicieux et rieur. Toujours prêt pour une plaisanterie, il est astucieux, sensible à son environnement et comprend bien les finesses des relations sociales. Charmeur, il manifeste une grande indépendance d'esprit, mais sait aussi se poser et faire les efforts qui lui sont demandés. Jusqu'à l'entrée au collège, la scolarité a néanmoins été difficile. Grand prématuré, ne pesant que 700 g à la naissance, il est un miraculé. Malgré ces débuts dramatiques dans la vie, il s'est développé harmonieusement. Le langage s'est installé dans les temps, sans difficultés particulières. La motricité n'a pas paru poser de problèmes. Cependant, dès la maternelle, il a été confronté à des tâches qui lui ont paru peu attirantes, et dans lesquelles il ne se réalisait pas du tout. Ses dessins étaient initialement, comme ses camarades, des gribouillages plus ou moins méconnaissables. Cependant, tandis que ses pairs progressaient et qu'on affichait leurs œuvres sur les murs de la classe, ses dessins à lui restaient maladroits, décalés par rapport à son âge. Pourtant, il savait bien ce qu'il voulait dessiner, mais ses crayons de couleur s'opposaient obstinément à son projet. Il avait honte quand on affichait ses productions à côté de celles des autres. Il y a même eu une bagarre un jour qu'un de ses meilleurs amis en grande section de maternelle s'est moqué de lui. Ses parents, eux, ont appris à ne rien dire, car lors d'une visite de la classe, ils ont tout de suite reconnu la production de Romain, ce qui les a fait sourire. Romain, lui, n'a pas trouvé ça drôle. Pour ses parents, ce n'était pas un drame, surtout qu'après les inquiétudes liées aux conditions de sa naissance, il n'y a pas eu d'alertes et que leur petit garçon étonne tout le monde par la qualité de son langage qui est mature avec un vocabulaire plutôt riche. Mais pour l'enfant, l'ébauche de leur sourire a été une humiliation.

Si seul le dessin avait été touché, la scolarité de Romain n'aurait pas été pénalisée. Cependant, ses déconvenues dans le domaine de la motricité fine et globale, et surtout des praxies, sont allées crescendo. Alors que ses camarades jouaient au foot en bas de l'immeuble tous les soirs en rentrant de l'école, lui se montrait pataud, maladroit. Il n'aidait pas son équipe. Et si les autres enfants ne l'ont pas immédiatement exclu, il s'est lui-même éloigné du terrain, car il sentait bien qu'il n'était pas forcément bienvenu. À 7 ans, sa maman l'habillait encore de pied en cap. À défaut de cette aide, il y passait un temps fou, et les parents pressés et excédés le grondaient chaque matin avant de partir à l'école.

C'est l'apprentissage de l'écriture qui, surtout, a été un calvaire. Dès la grande section de maternelle, faire des boucles répétées, des ronds, des lettres a été une souffrance. Le lien entre l'intention qui lui paraissait correcte et le résultat était le plus souvent très décevant. Quand il y mettait toute son énergie et mobilisait toute son attention, on s'écriait : « Tu vois bien, quand tu veux, tu peux ! » Et Romain redoublait d'ardeur… pour un résultat toujours plus éloigné du modèle. En effet, plus les exigences augmentaient, plus la tâche se prolongeait et plus l'enfant s'épuisait, au point que la fin de l'exercice n'était plus qu'un brouillon illisible. Au CP, le calvaire s'est intensifié. La plupart des enfants ont vu leur écriture devenir plus fluide, s'arrondir. La taille des lettres est allée diminuant. La lisibilité devenait bonne, et certains enfants parvenaient déjà à écrire des petites phrases. Pour Romain, ce moment n'est pas venu…

Une consultation auprès du neuropédiatre qui suivait l'enfant régulièrement depuis sa naissance difficile n'a pas laissé de doute. Souvent décrite chez l'ancien prématuré, la dyspraxie a été confirmée. L'imagerie cérébrale a mis en évidence un corrélat assez courant de ce trouble dans les cas de grande prématurité : de petites lésions cicatricielles de la matière blanche du cerveau, dans la zone située autour des cavités ventriculaires.

Notons du reste ici que des lésions visibles à l'IRM sont assez rares dans le cas de troubles des apprentissages isolés. Non pas qu'elles n'existent pas. En effet, si l'enfant ne parvient pas à accéder à certains apprentissages, c'est qu'il existe une dysfonction du cerveau. On ignore le plus souvent s'il s'agit d'une anomalie du cortex, la couche superficielle du cerveau où se réalisent les traitements intellectuels ou cognitifs. Faut-il incriminer une densité insuffisante des neurones, ou une désorganisation de ces réseaux de neurones ? Albert Galaburda de l'Université Harvard a pu, dès les années 1970, distinguer dans certains cas de dyslexie des amas de neurones inhabituels, qui ne se sont pas placés correctement au cours de leur migration pendant le développement cérébral. Faut-il pointer des réseaux locaux ou plus généraux à longues distances ? Doit-on s'intéresser à la biochimie du cerveau et aux neurotransmetteurs, ces agents de transmission du signal au sein des synapses ? L'élucidation des corrélats biologiques des troubles des apprentissages est encore le plus souvent du domaine de la recherche. Tout au plus les études d'imagerie cérébrale fonctionnelle (IRMf) montrent-elles que certaines aires du cerveau ne s'activent pas correctement au cours de certaines tâches, soit qu'elles soient sous-activées car peu propices aux traitements demandés, soit qu'elles soient suractivées, marquant une difficulté du cerveau à automatiser la tâche, ce qui demande alors un effort de traitement et donc d'apport énergétique supplémentaire.

Combien de parents se sont effondrés en larmes quand on leur évoque le fait que les difficultés d'apprentissage de leur enfant ont un rapport avec un dysfonctionnement cérébral ! Car devant le mystère et la complexité du cerveau que les scientifiques commencent à peine à percer, on se dit que si cela touche le cerveau, cela doit être très grave... Or il n'en est rien. L'avantage radical du cerveau par rapport aux autres organes est sa plasticité déterminante. C'est d'ailleurs une de ses aptitudes fondamentales, celle qui précisément nous autorise à nous adapter, à changer et faire évoluer notre comportement dans des situations variées et complexes, et justement à apprendre. C'est ainsi que le cerveau, s'il ne produit pas de nouveaux neurones après la naissance (à la différence de la plupart des autres organes du corps humain dont les cellules se renouvellent), il crée en permanence de nouvelles connexions, de nouveaux liens entre les neurones, de nouveaux réseaux plus organisés, plus efficaces. Grâce à cette formidable puissance d'adaptation, le cerveau va pouvoir créer des voies de contournement qui pourront compenser partiellement le déficit observé. À tel point qu'on voit chez l'enfant des troubles initiaux handicapant se résorber partiellement, n'impliquant fonctionnellement qu'un surcoût limité de tel ou tel traitement qui jusque-là était très laborieux. En particulier, à l'adolescence, avec la maturation des fonctions frontales, celles qui se situent sous notre front bombé de primate, la capacité à réaliser des tâches complexes, ces fameuses doubles tâches dont il a été question au chapitre 3, augmente de manière spectaculaire. Ce qui était difficilement réalisable, de manière séquentielle et laborieuse devient réalisable simultanément, ou encore « en parallèle », avec un contrôle attentionnel nettement réduit. Ainsi, l'enfant devient-il moins gêné pour lire et comprendre, écouter l'enseignant au fur et à mesure qu'il mobilise ses connaissances en orthographe au cours d'une dictée, réfléchir à ce qu'il veut dire et l'écrire.

C'est justement dans l'écriture que Romain reste le plus en panne à l'école à partir des classes primaires. Si le dessin et les travaux manuels n'étaient pas un plaisir, l'utilisation des cahiers, des crayons, et de tous les outils scolaires est une gageure. Il n'est pas particulièrement gêné par le calcul et le raisonnement mathématique, mais quand il pose et résout une opération, tout est décalé, ce qui entraîne des erreurs.

Malgré quelques tentatives de prises en charge en psychomotricité ou graphothérapie, les résultats sont restés décevants. La vitesse d'écriture n'a pas augmenté aussi vite que les exigences scolaires. Certes, la lisibilité s'améliore, mais, trop souvent, le contenu en pâtit.

L'utilisation du clavier de l'ordinateur va donc devenir incontournable. Au lieu de devoir former du bout des doigts les lettres dans toutes leurs nuances, le geste nécessaire pour taper à la machine sera relativement plus simple. S'il ne se trompe pas de touche, la lettre sera parfaitement reconnaissable ! Cependant, bien que simplifié, on a affaire, ici encore, à un geste authentique. Il ne s'agit pas d'un mouvement simple ou « naturel ». À nouveau, l'enfant qui apprend à utiliser un clavier devra parcourir toutes les étapes d'un apprentissage structuré. L'appui d'un professionnel qualifié est fondamental, afin d'accompagner l'enfant de la manière la plus efficace possible. On fera ici appel à un ergothérapeute, praticien qui se concentre sur l'adaptation de l'outil à l'enfant et inversement. Quand il connaît bien la dyspraxie de l'enfant, et ses conséquences en termes d'écriture, il peut adapter son intervention en fonction de la nature exacte du trouble. En effet, pour une dyspraxie visuo-spatiale, on s'assurera que l'enfant n'est pas perturbé par la complexité visuelle du clavier. En effet, de manière assez paradoxale, lorsqu'il cherche une lettre, l'enfant dyspraxique n'est pas aidé par l'exploration visuelle du clavier. Il vaut mieux qu'il apprenne à mémoriser la place des lettres et à se représenter intérieurement l'organisation des touches. Pour l'empêcher de regarder ses doigts et le clavier, on masquera les lettres en les recouvrant de gommettes de couleur. En choisissant la couleur verte pour la partie gauche du clavier et la couleur rouge pour la droite, on donnera un indice simple à l'enfant quant à la place approximative de chaque lettre. Dans ces conditions, et par un entraînement intensif, la frappe peut souvent être optimisée, et devenir très automatisée. Quand la dyspraxie est gestuelle, plus ancrée dans une fragilité de la programmation motrice, on n'aura pas besoin d'utiliser ce type de contournement.

Dans tous les cas, l'apprentissage du clavier est un projet qui devra s'étaler sur au moins deux ans. Initialement, on donnera à l'enfant les bases nécessaires pour mémoriser la place des touches, automatiser le geste, et lui permettre de produire des mots, des phrases et des textes en copie ou dictée, voire à la volée. C'est un apprentissage patient et long, d'abord au sein du cabinet du praticien, mais qui devra être relayé immédiatement à la maison pour un entraînement quotidien. Des logiciels gratuits ou peu coûteux permettent de faire un travail structuré et pertinent. Toutefois, comme tout apprentissage, il doit être régulier, systématique. Si rien n'est fait entre deux séances d'ergothérapie, les progrès seront limités et peu généralisables.

En effet, le but est de faire de l'ordinateur un outil scolaire. Une fois la frappe suffisamment automatisée, on pourra, d'abord à la maison, proposer à l'enfant de réaliser ses devoirs au clavier, dans les mêmes conditions que celles de l'apprentissage. Lorsqu'il commence à utiliser sa machine à l'école ou à la maison, c'est-à-dire dans son environnement de travail le plus courant, l'enfant doit en sentir rapidement toute l'utilité. S'il est encore maladroit, lent (et en particulier toujours plus lent que dans le cas d'une écriture manuelle), il peut se décourager et ne pas comprendre les avantages d'un tel outil. Le risque de le voir l'abandonner est alors élevé.

Si l'expérience est concluante, une introduction en classe est envisageable. Bien entendu, on privilégiera les disciplines pour lesquelles la quantité d'écriture est traditionnellement importante, comme le français et l'histoire-géographie, par exemple. L'outil doit en effet toujours être proposé pour amener le plus de bénéfice possible. En mathématiques, l'aspect très laborieux de l'écriture des formules suggère d'éviter l'utilisation du clavier. On pourra proposer éventuellement un cours mis au propre et dactylographié par l'enseignant lui-même. N'oublions pas, en effet, que l'introduction de l'ordinateur en classe est semée d'embûches. Au sein d'une classe ordinaire, l'enfant sera le plus souvent le seul à l'utiliser. Y aura-t-il une prise de courant ? L'enfant aura-t-il la place de l'installer sur sa table ? Saura-t-il à quel moment sortir sa machine ou la ranger ? Proposer un ordinateur en classe à un enfant n'est pas une fin en soi. Si cela n'est pas correctement préparé, l'outil sera bientôt délaissé, puis abandonné, ce qui obère les chances de l'enfant de contourner ses difficultés. L'enfant ne doit pas être un simple usager des adaptations qui sont mises en place, mais un véritable acteur, avec un niveau d'autonomie suffisant.

Notons que pour pallier le risque de difficulté d'adaptation de l'outil informatique en classe pour l'enfant jeune, Caroline Huron, médecin et chercheuse en sciences cognitives à l'Inserm, a mis au point un ensemble varié de supports pédagogiques adaptés au service de l'enfant dyspraxique. Le Cartable fantastique de Manon[1], disponible librement sur Internet, apporte le bénéfice supplémentaire d'être calqué sur certains manuels scolaires d'usage courant. Ainsi, l'enfant dyspraxique en intégration scolaire pourra suivre le même cursus que ses pairs, au même rythme. De même le travail de l'enseignant est facilité par la cohérence entre les deux modes de présentation, papier et informatisé. De plus, toute une palette d'outils libres est proposée pour adapter soi-même, parent ou enseignant, des outils pédagogiques existants.

Si les enjeux de la mise en place de l'ordinateur sont complexes pour l'enfant en primaire, ils peuvent s'avérer paradoxalement encore plus délicats pour le collégien. En effet, en classe primaire, on

1. http://www.cartablefantastique.fr/manon/

s'interrogera quant à l'autonomie de l'enfant en général, et ses capacités à s'organiser, à utiliser le ou les logiciels nécessaires. Chez l'enfant jeune, les fonctions exécutives sont particulièrement immatures, et mettre en œuvre un outil complexe en classe peut être perçu comme impraticable. Va-t-il falloir que l'institutrice soit toujours derrière lui ? Saura-t-il automatiser les différentes étapes de la production d'un document ? Ne va-t-il pas oublier de sauvegarder son travail avant d'éteindre l'ordinateur ? Où a-t-il encore mis sa clé USB pour transmettre son travail à l'enseignant ? Pour l'adolescent, la difficulté va se déplacer. Il se dit : « Que vont penser les autres de moi ? Comment vais-je expliquer que j'ai besoin d'un ordinateur ? Si je parle de mon "handicap", on va se moquer de moi. » La crainte de la stigmatisation chez l'adolescent est au premier plan de ses préoccupations. À un âge où ils cherchent le plus possible à faire partie du groupe, un signe distinctif comme l'utilisation d'un ordinateur en classe peut créer pour certains un obstacle insurmontable. Gêné et humilié, l'enfant renoncera bientôt à sortir sa machine et abandonnera parfois des années d'efforts.

C'est en s'assurant de la bonne maîtrise de l'outil par l'enfant qu'on permettra à l'ordinateur de se glisser le plus efficacement dans une salle de classe ordinaire, sans créer d'interrogations prolongées ou de questions indues de la part des autres élèves : « Pourquoi lui ? Moi aussi ça m'amuserait d'écrire à l'ordinateur... » ou du côté de l'enseignant : « Cela perturbe le bon déroulement du cours, crée des interruptions, et provoque des remarques de la part du reste de la classe. » C'est aux enseignants de présenter de manière à la fois concise et transparente la mise en place de l'ordinateur, ou de tout autre aménagement en classe pour un élève. Une introduction respectueuse et délicate de la notion de besoins particuliers ou de situation de handicap d'un enfant permettra de mettre un terme à des remarques blessantes ou incongrues, tout en introduisant la notion de respect pour la différence.

C'est ce qu'a connu Romain. Grâce à un entraînement rigoureux, systématique et efficace, il a accepté de mieux en mieux l'usage de l'ordinateur. À mesure qu'il en constatait les bénéfices, il est devenu plus actif et impliqué dans les séances d'entraînement. Les enseignants ont compris rapidement que c'était un point d'appui crucial pour sa scolarité. L'amélioration de ses productions écrites, dans la forme comme dans le fond, a été telle que force a été de constater qu'il s'agissait d'une adaptation fondamentale pour lui. Graduellement,

Romain a appris à dompter sa machine, et il est de mieux en mieux capable de prendre des notes pendant les cours.

Cette cohérence des aménagements et des discours d'accompagnement est cruciale de la part de tous les acteurs, à mesure que l'enfant grandit. En effet, si l'enfant sent que des doutes subsistent quant à la pertinence des outils de contournement proposés, il aura du mal à s'en emparer pleinement et à les mobiliser à bon escient.

• *La sacralisation de l'écriture*

Simon est un grand garçon timide et effacé. Gauche, un peu mal dans sa peau au moment d'entrer dans l'adolescence, il passe en quatrième. Issu d'une grossesse gémellaire compliquée, une dyspraxie visuo-spatiale massive a été diagnostiquée des années auparavant. Dans son cas, l'impact sur le graphisme est catastrophique. Brillant en français à l'oral et en langues étrangères, il est très en panne dès qu'il passe à l'écrit. Des années de rééducation n'y ont rien fait : il n'est capable de tracer que quelques lettres. Il est difficilement lisible, même lorsqu'il écrit son prénom. À 14 ans, l'écriture est clairement non fonctionnelle. Pourtant, la mise en place de l'ordinateur est plus que laborieuse. Quand on l'interroge, Simon se montre rétif, résistant. Certes, il dit ne pas vouloir être différent des autres. Cependant, enfant intelligent, il pourrait comprendre que ses productions écrites étant illisibles, il ne pourra poursuivre ses études dans de bonnes conditions. Rien n'y fait. À force d'insistance, on finit par comprendre à demi-mot ce qui le tracasse : « Si je n'écris plus, je ne saurai jamais écrire… » Logique en apparence, cette idée, on l'a vu, n'est pas pertinente pour l'enfant présentant des troubles des apprentissages. L'entraînement, aussi forcené soit-il, ne permettra pas de compenser la difficulté. Simon ne parviendra justement pas à automatiser le geste qui restera maladroit, nécessitant concentration et maîtrise explicite.

Si l'enfant a du mal à comprendre cette explication, c'est aussi que son entourage direct lui aussi a été difficile à convaincre. En effet, pour les parents, le handicap de leur fils doit être le plus possible compensé, afin qu'il puisse « normaliser » au mieux son écriture. On a beau répéter que l'écriture manuelle n'est qu'un outil, que le monde du travail est désormais entièrement tourné vers les technologies et l'ordinateur, l'argument ne fait pas mouche. C'est que l'écriture, perçue comme indissolublement liée à la personnalité, est fortement sacralisée par les parents, par les enseignants, et parfois même par les professionnels dont le métier est d'apprendre à apprendre autrement. Abandonner l'écriture manuelle est parfois perçu comme une aberration, presque un sacrilège ! Surtout les parents, et partant, leur enfant, pensent qu'une telle stratégie aggravera le handicap de leur enfant au lieu de le contourner ou de le compenser. « Que fera-t-il demain quand il lui faudra écrire ? »

Pourtant, aujourd'hui, tous les aménagements proposés sont autorisés tout au long de la scolarité de l'enfant, y compris lors des examens, et ce même au cours des études supérieures, pour autant qu'ils aient été reconnus par la MDPH (Maison départementale des personnes handicapées). On ne propose donc pas ici de stratégies qui marginaliseraient un peu plus l'enfant, et réduiraient ses chances de développer ses pleines capacités et de décrocher des diplômes.

Les aménagements autorisés incluent ceux apportés par l'ordinateur en général, ainsi que les logiciels les plus sophistiqués. Quand, malgré tous les efforts, la maîtrise du clavier reste difficile, ou que l'orthographe est très déficitaire, on pourra opter pour une stratégie consistant à contourner complètement l'écriture. Bien entendu, la scolarité, les examens et plus tard, au cours de la vie professionnelle, il sera nécessaire de laisser des traces écrites. C'est pourquoi les avancées spectaculaires de la reconnaissance vocale devront être mises à contribution.

La dictée vocale

Yasmine entre en cinquième dans une nouvelle école. Elle a redoublé sa sixième car ses résultats étaient trop faibles. Bien que discrète, elle est perçue comme une enfant vive et curieuse. Très anxieuse, elle se ronge les ongles jusqu'à la matrice, et quand elle a les doigts en sang, elle dévore ses stylos, et même ses manches de chemisier. L'école est un calvaire depuis longtemps. Non seulement écrire est difficile, mais la maîtrise de l'orthographe est aussi très fragile. L'enfant lit bien, mais ne parvient pas à enrichir son lexique orthographique. Les séances d'orthophonie n'ont compensé que partiellement sa difficulté. La segmentation des mots est souvent erronée, il y a même des confusions phonologiques entre des sons proches. Avec une approche mesurée, on propose d'abord à Yasmine un passage par l'ordinateur. L'enfant maîtrise assez vite le clavier. Les exercices formels l'amusent, et elle s'entraîne volontiers. Tant qu'il s'agit de retrouver rapidement des séquences de lettres sans rapport avec le langage, la mécanique entre facilement. Toutefois, l'expression écrite reste très difficile à aborder.

Son orthophoniste a l'idée de tester la dictée vocale. Elle commence par lui faire écrire au clavier un petit texte d'inspiration personnelle. Le travail prend du temps, la fluidité des phrases est limitée. Yasmine perd patience et préfère arrêter au bout de quelques lignes. Le texte est pauvre, enfantin, surtout pour une jeune fille cultivée et à l'aise dans les conversations au cours desquelles elle paraît mûre pour son âge. Il faut encore reprendre l'orthographe. Le correcteur orthographique peine car les mots sont parfois méconnaissables, parfois purement phonologiques. Pour « moi » écrit « moa », le correcteur propose « ma », « Mo » ou « moka »…

L'orthophoniste propose alors une simple copie manuelle du texte rédigé sur l'ordinateur par l'enfant elle-même. Bien qu'elle l'ait déjà produit et écrit *via* le clavier, le travail est interminable, et les erreurs de copie alourdissent les fautes d'orthographe présentes à l'origine.

L'orthophoniste a donc bien mis en évidence les bénéfices tirés de l'utilisation du clavier. L'enfant est plus rapide, et fait finalement moins de fautes que lorsqu'elle doit écrire à la main.

L'orthophoniste propose enfin à l'enfant de dicter à l'ordinateur sa rédaction en la développant. Le logiciel de reconnaissance vocale prendra le relais et retranscrira ses mots. Libérée de la plupart des contraintes, la jeune fille se réalise alors pleinement. Les idées se bousculent, les phrases s'enchaînent. L'enfant n'est plus arrêtée par les complexités de l'orthographe. Plus besoin de crayon ou de clavier. Et le résultat est là : son texte est deux fois plus long que sa production initiale, et il y a deux fois moins de fautes… La preuve est faite, la dictée vocale permettra à Yasmine de compenser entièrement ses difficultés d'expression écrite. De plus, une fois entraînée, l'enfant progresse vite et est capable de dicter son texte en tenant de mieux en mieux compte des conventions, du ton et du niveau de langue propres à l'écrit.

Bien entendu, la dictée vocale entraîne des difficultés et des contraintes nouvelles. Même s'ils sont aujourd'hui puissants et efficaces et ne demandent que peu d'entraînement à la voix de l'utilisateur, ces logiciels exigent une certaine discipline, qui n'est pas nécessairement possible pour un enfant trop jeune, en particulier pendant le primaire. De plus, en classe, on aura plus de mal à l'utiliser pour des questions évidentes de bruit environnant et de gêne occasionnée pour le reste de la classe.

Aucun outil ou aménagement n'est parfait ! Chacun demande un entraînement spécifique, qui exige patience et discipline. Mais si les enfants ont habituellement besoin de tout le primaire pour s'emparer des outils scolaires (cahier, crayons, écriture, etc.), il est naturel que l'enfant dys ait besoin de temps (et celui-ci se comptera en années) pour être capable de s'approprier les outils de son indépendance. Pour certains, l'assimilation de ces outils pourra prendre plus de temps que pour d'autres, et à nouveau, on ne pourra juger de la pertinence de ces adaptations qu'après au moins deux ans d'exposition soutenue, systématique et structurée. Pour d'autres, ces outils paraîtront une évidence, une voie toute droite vers les apprentissages autonomes. Quand l'enfant grandit et qu'il est de plus en plus capable de déceler les capacités d'aide et de contournement de ces outils, il sera lui-même en position de guider les professionnels vers ce qui est le plus pertinent et efficace pour lui. C'est ce partenariat patient et à double sens qui permettra d'obtenir le meilleur effet de levier pour l'enfant. Il va de soi que l'enfant doit devenir un acteur à part entière du dispositif proposé, et non pas un simple utilisateur passif.

Maintenir les outils aussi longtemps que l'enfant en a besoin

Dominique, quant à lui, a adopté avec confiance et assez naturellement la plupart des outils qui lui ont été proposés dès la fin du primaire. En quelques mois, le clavier de l'ordinateur a été maîtrisé et l'enfant a réservé le crayon ou le stylo pour des tâches brèves et des prises de notes rapides. Le logiciel de géométrie qu'il utilise (en l'occurrence Geogébra) est rapidement devenu un outil ludique, et à l'âge où on lui demande de reconnaître, nommer et tracer les formes de base, il s'en sort de manière fluide et efficace. Plus besoin de manipuler maladroitement les outils traditionnels, la règle, le compas, le crayon… Il peut s'appuyer sur les bonnes connaissances des concepts géométriques qui sont les siennes pour réaliser en quelques clics ce qui est attendu de lui. Sans effort gestuel, mais en mobilisant toutes ses capacités d'abstraction, il sait qu'un parallélogramme est un quadrilatère particulier. Si on lui donne trois points, il peut compléter aisément la figure pour en faire un parallélogramme : il suffit de choisir un de ces points, de tracer les deux droites issues de ce point et passant par les deux autres points. C'est facile, en sélectionnant l'outil approprié dans la palette, et en passant successivement sur les deux paires de points, la droite s'inscrit toute seule sur l'écran. Il a fallu néanmoins bien anticiper la séquence et raisonner correctement, en prévoyant le résultat de son action, et en jugeant de la qualité du résultat, c'est-à-dire en mobilisant les procédures de haut niveau et pas essentiellement les mouvements et les gestes complexes. En choisissant judicieusement un des trois points et en allant chercher dans sa boîte à outils conceptuelle et informatique l'objet adéquat, Dominique parvient sans hésitation ni bavure à tracer le troisième, puis le quatrième côté de son parallélogramme. Le résultat est très satisfaisant et pourtant pas un geste complexe n'a dû être mis en œuvre.

Dominique a si bien pris en compte tous les aménagements qui lui ont été proposés que, après deux ans dans une structure adaptée et équipée pour l'aider, il a pu être décidé, en accord avec la famille et l'enseignant référent de l'élève, de proposer une réintégration dans le milieu ordinaire dès la sixième. Au départ, Dominique est un peu intimidé par cette idée. Il est confortablement intégré dans son établissement scolaire. Il a des amis. Quand il fait face à une baisse de régime, pas d'affolement : une pause est aménagée. Les parents peuvent se reposer sur l'équipe qui connaît bien la fatigabilité des enfants dys. Les professionnels ici savent que ces enfants doivent mobiliser des trésors d'astuce pour ne pas se noyer dans les multiples chausse-trappes des apprentissages traditionnels, apprentissages qui tiennent rarement compte des besoins spécifiques des enfants présentant un trouble cognitif circonscrit, mais bien réel. Il suffit généralement de dédramatiser la situation avec l'enfant, sans psychologiser à outrance ce petit moment de découragement ou tout simplement de ras-le-bol, comme cela arrive naturellement avec tous les élèves. Souvent d'ailleurs en ménageant des pauses dans les apprentissages, on favorise les processus de maturation, l'assimilation des notions inculquées, ainsi que l'appropriation des outils d'aide.

Cependant, même si Dominique semble prêt, que va-t-il se passer dans le milieu scolaire traditionnel, dans une classe de 30 élèves, sans parler du passage en sixième qui constitue en lui-même une rupture ? Préparé pendant toute une année, ce projet de réintégration au sein du milieu ordinaire devient de plus en plus naturel à l'enfant. Et puis, les résultats sont là ! Les notions du programme sont bien maîtrisées, l'enfant juge bien de la pertinence de tel et tel outil d'adaptation. Et surtout, Dominique est entré dans une véritable dynamique d'apprentissage personnel. À 12 ans, il est de plus en plus responsable de son travail. Il est motivé et ambitieux. Il ne se laisse plus arrêter par ses difficultés : il sait maintenant les contourner. Il est convaincu de ses compétences. Et ça n'est pas simplement dû aux encouragements et réassurances de l'entourage. L'enfant n'est pas dupe. Même si on lui répète à l'envi : « Mais si ! Tu vas y arriver… Ne t'inquiète pas… Tu es intelligent, plus même encore que tes camarades de classe ! », il a besoin de résultats concrets, objectifs et authentiques. Il ne se contentera pas d'incantations : il veut une preuve tangible de ses progrès et résultats.

L'intégration de Dominique se fait donc naturellement dans la classe de sixième de son collège de quartier. Il bénéficie d'un plan personnalisé de scolarisation (PPS), ce qui l'autorise à utiliser son ordinateur et les logiciels appropriés à la maison comme à l'école, y compris lors des contrôles. D'emblée, l'enfant fait preuve de ses excellentes qualités. Les résultats sont très solides, et Dominique se situe résolument en tête de classe… Jusqu'au jour où la famille est convoquée pour faire le point. Longtemps sollicités dès les premières semaines de cours, les parents sont très inquiets. Pourquoi les appelle-on si tôt ? Que va-t-on leur dire ? Que va-t-il encore falloir mettre en place pour pallier les difficultés de l'enfant ? C'est d'autant plus la douche froide que Dominique semblait tout à fait bien s'en sortir… Or dès les premiers échanges, la surprise est de taille. L'enseignant principal prend la parole et parle sans ambages : « Dominique a fait une excellente rentrée. Il réussit très bien, ses résultats le situent parmi nos meilleurs élèves… » Ses parents rougissent de plaisir… Enfin, après tant d'années et d'efforts, leur fils peut enfin être considéré comme un élève à part entière.

Mais une autre professeure reprend : « Il nous semble *donc* que tous ces aménagements permis à votre enfant sont exagérés. Puisqu'il réussit si bien, il n'a sans doute pas besoin de toutes ces aides (ordinateur, tiers-temps, photocopies, etc.). Beaucoup d'élèves autour de lui n'en bénéficient pas et sont bien plus en difficulté que lui. » Le père et la mère se regardent, interloqués : « Voulez-vous dire qu'il faudra qu'il renonce à son ordinateur parce qu'il réussit trop bien ? » Les parents n'en reviennent pas.

Tout est dans la relation de cause à effet, ce « donc » que souligne bien l'enseignante qui se soucie de l'équité entre ses élèves. Cependant, c'est bien dans ce « donc » que réside toute l'erreur de raisonnement qui viserait à penser que l'enfant bénéficiant d'aménagements scolaires obtiendrait un avantage indu. Or c'est *parce que* l'enfant présente un trouble cognitif authentique, tel que des difficultés à lire, écrire, compter, parler, manier des outils scolaires traditionnels, qu'on lui octroie des outils de compensation et de contournement. L'objectif est bien là : donner toutes ses chances à un enfant pertinent, voire brillant, de mettre en évidence tout son potentiel, sans qu'il pâtisse d'une difficulté instrumentale qui n'a rien à voir avec ses aptitudes générales. Que Dominique réussisse à merveille, c'est bien le but ! Sans ce trouble praxique et ses conséquences fonctionnelles, l'enfant aurait probablement démontré spontanément toutes ses capacités. Cependant, il s'est battu pendant toutes les années de primaire pour que son écriture devienne lisible, au prix d'un effort exorbitant. Ses aptitudes en mathématiques, en français, en sciences naturelles n'étaient pas en cause : c'est l'utilisation du crayon et le passage par l'écrit qui le pénalisent.

Il est bien entendu essentiel de conserver à Dominique tous ses aménagements : ils ont précisément démontré leur efficacité, ont libéré les compétences de l'enfant. Sa réussite n'est pas *causée* par les aménagements qui ne changent rien aux contenus des apprentissages ou des exigences attendues. Sa réussite, légitime, est *permise* par ces outils d'aide et de contournement qui ne freinent pas le développement de ses compétences, et au contraire les met en évidence de manière éclatante. Ces outils l'ont simplement mis sur un pied d'égalité avec les autres enfants, base sur laquelle il a pu déployer tout son potentiel.

Tous les enfants dys ne s'en sortiront peut-être pas aussi bien que Dominique. Chacun réussira à son niveau, en fonction de son potentiel, de sa motivation et de son engagement. Et bien sûr avec le concours et la bienveillance de tout son entourage familial et scolaire.

Lors de la réunion de l'équipe éducative, en présence du corps enseignant et des parents de l'élève, ces principes ont été rappelés, entendus et compris par l'ensemble des acteurs autour de Dominique. Rappelons qu'au titre de la loi de 2005, aucun aménagement ne peut être imposé ou supprimé sans avis médical et décision des médecins experts de la MDPH du département où vit l'enfant. Depuis, Dominique poursuit sans embûches et avec succès sa scolarité.

À retenir

- La reconnaissance de la nature et de l'intensité des difficultés de l'enfant est un préalable à une orientation scolaire adaptée. À défaut, un parcours chaotique s'ensuivra.
- L'enfant peut et doit être un partenaire des adaptations qui lui seront proposées. L'accessibilité des supports pédagogiques et de leur contenu est le principe de base.
- L'ordinateur est le compagnon de choix de l'enfant en difficulté scolaire. Les technologies d'assistance lui permettront de trouver une part d'autonomie dans les contournements nécessaires.
- La mise en place de l'ordinateur et le choix des logiciels pertinent est un processus long, patient et rigoureux.

ÉPILOGUE

Gabriel, Deborah, Romain, Léo, Dominique et les autres. Tous des enfants intelligents, curieux, avec une grande appétence pour les apprentissages. D'ailleurs, des enfants qui n'ont pas envie d'apprendre, j'en ai rarement rencontré. Car le cerveau est une éponge, une machine à apprendre. Le cerveau aime la nouveauté, aspire à découvrir des stimulations inédites, s'éteint devant la répétition, les redites. Alors qu'ils s'engageaient tous avec curiosité dans une vie intellectuelle prometteuse, ces enfants se sont heurtés à des difficultés inattendues. Gabriel et Deborah n'arrivaient pas à lire, Dominique et Romain et Simon ne parvenaient pas à écrire… La violence du choc a été rude. Parfaitement lucides et adaptés, ils ne parvenaient pas à accéder à un certain type d'information, alors que la plupart de leurs condisciples découvraient de nouveaux univers grâce à la lecture ou à l'écriture. Ils en ont souffert.

Or on a pu lire que l'accroissement de nos connaissances concernant la façon dont le cerveau de l'enfant se développe nous permet désormais de mieux comprendre les mécanismes en jeu au cours des apprentissages. On est ainsi aujourd'hui en mesure de détecter et décrire finement les dysfonctionnements à l'œuvre quand l'enfant ne parvient pas à accéder aisément à certains formats d'information qui lui sont proposés. Si on a souvent peu d'éléments quant aux causes d'un tel trouble, l'analyse des mécanismes cognitifs bien préservés chez l'enfant permettra de mettre en place des stratégies de contournement efficaces. Comme pour tout un chacun, on cherchera à s'appuyer sur les compétences de l'enfant, en évitant de trop solliciter les fonctions plus fragiles.

Forts de cette compréhension, parents et enseignants pourront se focaliser sur l'objectif et le contenu pédagogiques des apprentissages.

Comme l'a bien illustré la méthode Montessori, entre autres, les réflexions et recherches concernant les aménagements pédagogiques nécessaires à certains enfants constituent une source d'inspiration puissante pour le monde éducatif dans son ensemble. La capacité que nous apportent aujourd'hui les sciences cognitives de mieux comprendre les mécanismes de traitement des informations par le cerveau de l'enfant est particulièrement précieuse pour aider ceux qui présentent des troubles des apprentissages. L'analyse que nous proposons offre une observation « à la loupe » de la manière dont nous sollicitons le cerveau de nos enfants au cours de leur scolarité. Chez l'enfant dys, le trouble grossit les enjeux des apprentissages et met en évidence la ou les étapes du traitement demandé. Et on peut ainsi détecter des erreurs pédagogiques sérieuses, mêlant objectif pédagogique et objectif cognitif de manière incohérente, voire toxique. Si certains enfants passent outre, démêlent spontanément les éléments de complexité auxquels ils sont confrontés, beaucoup d'autres sont pénalisés et s'empêtrent dans des parcours scolaires décevants, qui les mènent à l'échec.

Les enfants dys nous interrogent : pourquoi présenter les contenus des apprentissages sous telle ou telle forme, si cela éloigne de l'objectif pédagogique et rend le succès moins sûr ? Cette question, nous pouvons aussi nous la poser dans un contexte plus global, et pourquoi pas, généraliser les adaptations inspirées de l'analyse cognitive des apprentissages au bénéfice du plus grand nombre. Au lieu de réserver un parcours à part, différent, « adapté » à un enfant en particulier, l'ensemble des principes qui devraient présider à l'élaboration et la transmission des savoirs aurait vocation à être appliqué à tous les publics, puisque c'est ainsi que le cerveau apprend le mieux. Il ne s'agit pas d'une idéologie éducative de plus, d'un ensemble de croyances plus ou moins fondées, mais de mettre à l'œuvre (et à l'épreuve) l'ensemble des données que nous apporte la richesse des sciences cognitives contemporaines.

Mais pour ce faire, encore faut-il dans la salle de classe des enseignants qui soient suffisamment familiers avec cette science neuve du cerveau. Il ne s'agit pas de maîtriser un vernis superficiel de quelques données vulgarisées. Une telle approche, à coup sûr, développerait des usages probablement mal digérés, biaisés, voire contre-productifs des concepts que nous avons cherché à décrire ici succinctement. Pour en tirer tous les bénéfices, l'enseignant doit devenir un véritable pédagogue fonctionnant comme un chercheur, considérant chaque leçon comme un paradigme expérimental. Basé sur des modèles solides, mais toujours transitoires, n'ayant pas vocation à devenir un corpus fermé d'idées toutes faites, cet enseignant-chercheur d'un nouveau type pourrait déterminer la ou les dimensions intellectuelles et cognitives qui sont sollicitées au sein de chaque support pédagogique, de chaque évaluation, de chaque cours ou exercice. À cette aune, il pourra identifier les paramètres confondants pouvant mener à une illusion pédagogique : l'enfant a-t-il échoué du fait du contenu des apprentissages, ou de leur présentation instrumentale ? Quelles dimensions cognitives sont nécessaires au cours de ce travail ? Laquelle est prépondérante, quelles sont celles qui sont sous-jacentes ?

Une telle posture de l'enseignant lui permettra de devenir un expert de la pédagogie, expertise inscrite non pas dans des pratiques convenues et partagées par le plus grand nombre, mais sur la base d'une analyse précise des enjeux cognitifs de chaque apprentissage. Pour parvenir à occuper une telle position, une formation solide et approfondie des concepts fondamentaux des sciences du cerveau sera nécessaire. Ces concepts sont subtils, élaborés, passionnants. C'est en les approfondissant, en s'exposant longuement à leur complexité que l'enseignant pourra en tirer toute la valeur et, surtout, sera en position de les mobiliser et de les utiliser au cours de son enseignement.

Remarquons enfin que si les sciences cognitives doivent constituer un outil clé de la réflexion et de la pratique des enseignants, cette science encore jeune bénéficiera en retour des questions, interrogations, succès et échecs du maître dans sa classe. En effet, loin de devoir simplement apprendre du laboratoire ce qu'il doit faire, un enseignant est aux premières loges pour détecter des questions nouvelles, fondamentales et prometteuses. Car c'est sans doute aussi de la salle de classe que viendront, demain, de nombreuses questions originales pour les sciences cognitives.

BIBLIOGRAPHIE

Bonin P., Collay S. et Fayol M. (2008), « La consistance orthographique en production écrite : une brève synthèse », *L'Année psychologique*, 108, p. 517-546.

Dehaene S. (2010), *La Bosse des maths*, Paris, Odile Jacob.

Dehaene S. (sous la dir.) (2011), *Apprendre à lire. Des sciences cognitives à la salle de classe*, Paris, Odile Jacob.

Dehaene-Lambertz G., Dehaene S. *et al.* (2002), « Functional neuroimaging of speech perception in infants », *Science*, 298 (5600), p. 2013-2015.

Huron C. (2011), *L'Enfant dyspraxique. Mieux l'aider, à la maison et à l'école*, Paris, Odile Jacob.

Izard V., Dehaene-Lambertz G., Dehaene S. (2008), « Distinct cerebral pathways for object identity and number in human infants », *PLoS Biol.*, 6 (2), e11.

Klahr, D. et Nigam, M. (2004), « The equivalence of learning paths in early science instruction : Effects of direct instruction and discovery learning », *Psychological Science*, 15, p. 661-667.

Mazeau M. (1995), *Déficit visuo-spatiaux et dyspraxies de l'enfant. Du trouble à la rééducation*, Paris, Masson.

Mehler J. et Dupoux E. (1990), *Naître humain*, Paris, Odile Jacob.

Seidenberg, M. S. et McClelland J. L. (1989), « A distributed developmental model of word recognition and naming », *Psychological Review*, 96, p. 523-568.

Shaw P. (2007), « Attention-deficit/hyperactivity disorder is characterized by a delay in cortical maturation », *Proc. Natl. Acad. Sci. USA*, 104 (45), p. 19649-19654.

Renzulli J. S. (2011), « What makes giftedness ? Reexamining a definition », *Phi Delta Kappan*, 92 (8), p. 81.

REMERCIEMENTS

Au Pr Stanislas Dehaene, pour sa confiance et ses conseils lors de la rédaction de ce livre.

À toutes les équipes du laboratoire Inserm-CEA Cognitive Neuroimaging Unit, et particulièrement au Dr Ghislaine Dehaene et au Dr Caroline Huron qui me stimulent et m'engagent à poser les bonnes questions.

Au Dr Michèle Mazeau qui m'a inspiré et m'inspire toujours. Au Dr Isabelle Husson et au Pr Scania de Schonen pour notre travail exigeant au service des patients.

À toutes les personnes qui m'ont soutenu et ont permis la création des Écoles du CERÉNE et leur développement.

Aux équipes du CERÉNE, qui travaillent avec patience et passion à mettre en œuvre les meilleures méthodes pour aider les enfants en difficulté.

À tous les enfants et parents qui m'ont fait confiance.

TABLE

Préambule 9

1. Détecter 19

Les enseignants aux premières loges 19

Les parents, des experts de leurs enfants 23

Parents et enseignants : se parler 24

Choisir le bon professionnel pour poser le diagnostic 34

2. Dépister 39

Les fonctions modulaires du cerveau 41

Le langage oral (41) – Les praxies (45) – Le sens des nombres (48) – La lecture (49)

Les systèmes transversaux 55

Les mémoires (55) – Les capacités attentionnelles (56) – Les fonctions exécutives (59) – La mémoire de travail (62)

Les émotions 64

Un trouble peut en cacher un autre 68

3. Comprendre 77

Une tâche apparemment simple qui s'avère complexe 77

De nombreux pièges cognitifs 82

Le traitement de l'information 84

Objectif pédagogique et objectif cognitif 86

Les doubles tâches et les tâches multiples 92

L'enfant en difficulté est constamment en double tâche 94

Encore un exemple de tâche complexe 97

4. Contourner 107

Passer par la voie la plus efficace 108

L'enseignant « chercheur » 112

Quand la forme masque le fond 113

Un entraînement inutile 115

Accéder au contenu sans être gêné par le format de l'information 117

L'aide individuelle aux enfants en difficulté 121

Quand une exigence apparemment accessoire devient le problème principal 124
Du plus simple au plus compliqué 127
Le mythe de l'autonomie 131

5. Adapter 137
Sans adaptations appropriées, le risque d'une scolarité chaotique 137
Une erreur d'aiguillage qui coûte cher (137) – Des solutions intermédiaires (141)
Le principe d'accessibilité scolaire 143
Des règles simples de présentation 145
La formulation des contenus 149
Les apports des technologies d'assistance 152
Le retour vocal (152) – Le clavier (161) – La dictée vocale (177)
Maintenir les outils aussi longtemps que l'enfant en a besoin 180

Épilogue 189

Bibliographie 195

Remerciements 197

Cet ouvrage a été imprimé
en septembre 2013 par

FIRMIN-DIDOT

27650 Mesnil-sur-l'Estrée

Cet ouvrage a été transcodé et mis en pages
chez Nord Compo (Villeneuve-d'Ascq)

N° d'impression : 119483
N° d'édition : 7381-3005-X
Dépôt légal : septembre 2013

Imprimé en France